파욱명상센터 사마타 위빠사나 수행기

스승은 붓다이시다

스승은 붓다이시다

초판1쇄 2015년 8월 19일 **초판5쇄** 2024년 12월 16일 **지은이** 김정희 **펴낸이** 한효정 **편집교정** 김정민 **기획** 박자연, 강문희 **디자인** 화목, purple **마케팅** 안수경 **펴낸곳** 도서출판 푸른향기 **출판등록** 2004년 9월 16일 제320-2004-54호 **주소** 서울 영등포구 선유로 43가길 24 104-1002 (07210) **이메일** prunbook@naver.com **전화번호** 02-2671-5663 **팩스** 02-2671-5662 **홈페이지** prunbook.com | facebook.com/prunbook | instagram.com/prunbook

ISBN 978-89-6782-022-0 03220

파욱명상센터 사마타 위빠사나 수행기

스승은 붓다이시다

김 정 희

푸른향기
Prunbook Publishing Co.

진리의 빛을 찾는 벗이여!
붓다의 가르침 따라 수행하여
괴로움에서 벗어나
건강하고 행복하며
거룩하게 되기를…

    6년 동안 파욱명상센터를 오가며 붓다의 수행법을 배우고 기록했던 노트들을 모았습니다. 교학적인 논설은 두고, 실습 위주로 배운 순서대로 정리했습니다. 훌륭한 스승을 찾아가서 가르침을 만나게 된 인연을 소중히 간직하고 싶었습니다. 혹시 수행을 해보고 싶은 이나 수행을 하다가 어려움을 겪는 이가 읽고 힘을 얻게 되기를 바라는 마음으로 책을 내게 되었습니다. 이 책의 인연으로 이번 생에 수행 공덕을 지으며 행복하고, 부디 열반을 성취하여 윤회의 고통에서 벗어날 수 있기를 바랍니다.

2015년 여름 김정희

차 례

7

차례

스승은
붓다이시다

제2부 열반을 깨닫는 위빠사나 수행

　　(1) 사대요소를 식별하다
　　(2) 색깔을 식별하다
　　(3) 냄새를 식별하다
　　(4) 맛을 식별하다
　　(5) 소리를 식별하다
　　(6) 감각을 식별하다
　　(7) 영양소를 식별하다
　　(8) 생명기능을 식별하다
　　(9) 성 요소를 식별하다

　　(1) 깔라빠의 기본유형
　　(2) 업에서 생긴 물질
　　(3) 마음에서 생긴 물질
　　(4) 온도에서 생긴 물질
　　(5) 음식에서 생긴 물질

제1부

선정을 얻는
사마타 수행

1장

호흡명상

1. 파욱 사야도를 만나다

우리나라에서 유명한 초기불교 수행자들이 함께 뜻을 모아 세계적인 명상 지도자인 미얀마의 파욱 사야도(큰스님)를 초청해서 집중수행 하는 훌륭한 법석을 마련했다는 뉴스를 보게 되었다. 붓다의 수행법에 정통한 스승을 찾아가 제대로 수행을 해봤으면 하는 꿈을 꾸어왔던 나에게는 더없이 좋은 기회라는 생각이 들었다.

수행 참가신청을 하고 나서 웰다잉 강의와 호스피스 봉사와 같은 하던 일들을 정리했다. 아무 이해관계 없이 하던 일들이기에 쉽게 접을 수 있었다. 우선 내가 수행을 해서 도와 과를 얻고 나서 남을 위해 봉사하는 것이 올바른 순서이고 질적으로 가치가 있을 것이라고 생각했다. 내가 제도되지 않았는데 누구를 제도할 수 있겠는가? 이런 상태에서는 봉사를 해도 허영심과 애착에 의한 어리석은 행위를 할 수밖에 없기 때문이었다. 일단 모든 역량을 집중해서 한 달간 열심히 파욱 사야도로부터 명상을 배워보려고 준비를 했다.

스승은 붓다이시다

파욱 사야도는 붓다의 수행법을 니까야(경전)와 그 주석서에 있는 그대로 아비담마와 청정도론에 입각하여 사마타와 위빠사나를 지도한다고 했다. 미얀마의 파욱 숲속에서 자신이 체득한 붓다의 수행법을 대중이 쉽게 따라 배울 수 있도록 명상과제들을 순차적으로 가르치는 최고의 초기불교 수행지도자라고 했다. 특히 사마타(집중명상) 수행을 먼저 해서 선정을 얻고, 그 집중력을 이용해서 위빠사나(통찰명상) 지혜를 닦도록 지도한다고 했다. 여러 나라를 다니면서 헌신적으로 명상지도를 하는 파욱 사야도는 미얀마 정부로부터 '명상수행을 지도하는 훌륭하신 큰스님'이라는 칭호도 부여받았다고 했다.

2008년 11월 축령산의 날씨는 제법 쌀쌀했다. 집중수행은 파욱명상센터에서 하는 것과 같은 방식으로 진행했다. 수행 참가자는 백여 명 정도 되어 보였는데 명상홀에서는 문 앞에 붙여놓은 좌석표와 같이 정해진 자리에 앉아야 했다. 앞자리에는 스님들이 세 줄 앉고 그 뒤로 한 줄 비워둔 다음 재가자들이 순번대로 앉아야 했는데, 서양인 두 명 다음에 내가 앉게 되었다. 재가자 중에 전 기간 참가자를 앞자리에 배정했는데, 내가 참가신청을 일찍 했던 것 같았다.

첫날 해질 무렵에 제따와나 법당에서 예불과 법회 시작 의식을 마치고 그대로 앉아 파욱 사야도 일행이 도착하기를 기다렸다. 미국에서 넉 달 동안 안거지도를 하고 이제 막 도착했다는 파욱 사야도는 좀체 나타나지 않았다. 한참 있으니 모두 일어서서 사야도를 맞이하라는 전갈이 있고 나서야 미얀마 스님들이 천천히 걸어 들어왔다. 괴색(壞色) 가사를 머리까지 올려 쓰고 시골에서 들일을 하다가 온 사람들같이 맨발이었다. 저물게 돌아온 일꾼들처럼 검붉은 얼굴로 늦어서 미안하다는 듯 순박하게 웃음 지으면서 네 명이 차례로 들어왔다.

예를 갖추고 자리에 앉자 파욱 사야도를 법좌에 모시고 드디어 법문을 들을 수 있게 되었다. 법좌에 올라앉은 사야도는 빙긋빙긋 웃으며 이리저리 둘러보고는 영어로 말씀했다. 그것은 바로 통역에 의해 우리말로 전해졌다.

"사성제를 닦는데 한 달 안거는 짧다. 계속 공부해야 한다."

이 말씀의 통역이 끝나자 주섬주섬 가사자락을 챙기며 일어서더니 그만 내려가셨다. 이것으로 첫날 법문은 끝난 것이었다.

다음날 법문은 파욱 사야도가 감기기운이 있어서 못하고, 젊은 레와따 스님이 했다. '들숨 날숨을 알아차리는 법(ānāpānasati)'을 자세하게 설명해 주었다. (눈을 감고 콧구멍과 윗 입술 사이에 숨이 스치는 한 지점에 마음을 집중하여 숨을 자세히 보는 방법) 그리고는 그 방법대로 실습을 하도록 했다. 하라는 대로 따라 해보았지만 처음이라 어설프기만 했다. 그러나 반복훈련을 하며 참고 견디는 수밖에 별 도리가 없었다.

다음날은 순번대로 사야도와 면담을 하도록 했다. 지정된 시간에 정해준 순서대로 사야도의 방에 들어갔다. 의자에 앉아 있는 사야도 우측 바닥에는 통역을 맡은 재가자와 스님 한 분이 앉아 있고, 사야도 좌측에는 미얀마 스님 두 분이 사야도를 향해 앉아 있었다. 사야도 앞에 다섯 명이 나란히 앉아 사야도를 우러러 보면서 차례대로 한 사람씩 수행한 것을 보고해야 했다. 나는 맨 끝에 앉아 사야도의 옆모습을 보고 있었다. 자연스럽고도 진지하게 대담하는 모습을 보고 있으니 편안한 마음이 들었다. 어릴 적에 많이 본 이웃집 할아버지 같은 느낌도 들었다. 같이 들어온 신참들은 질문이 단순하고 답변도 간단했다. 그들은 숨을 보는 것에 대해 물었고, 사야도는 연신 손으로 콧구멍 부위를 가리키며 "호흡에 집중하라."고만 했다.

내가 질문을 할 차례가 되었다. 통역이 눈짓으로 나에게 빨리 질문을 하라는 듯 쳐다보았다. 나는 말을 못하고 머뭇거리며 잠시 생각에 잠겼다. 호흡수행에 대해 아무것도 되는 것이 없는데, 기껏 물어봤자 콧구멍만 가리킬 것이 뻔하고, 무엇을 물어봐야 할지 막막했다. 그러나 이 세계적인 명상지도자에게 질문할 기회가 주어졌으니 내가 진짜 궁금한 것을 물어보아야겠다는 생각이 들었다. 나는 갑자기 고개를 들면서 사야도를 향해 정색을 하고 물었다.

"죽음이 뭡니까?"

"죽음은 업이 다하는 것!"

답변이 바로 돌아왔다. 나는 이해를 못하고 쳐다봤다. 사야도는 설명을 더해주셨다.

"전생으로부터 받은 업이 다해 이생에 지은 업에 따라 다음 생을 받는 것. 십이연기 수행을 하면 알 수 있다."

질문이 이어졌다.

"죽음을 넘어서려면 어떻게 하면 됩니까?"

"업을 멈추면 된다."

"업을 어떻게 멈춥니까?"

"사성제를 닦으면 된다."

"사성제를 어떻게 닦아야 합니까?"

"붓다의 가르침대로 닦으면 된다."

내친김에 더 물었다.

"사야도께서 가르치시는 수행법은 어떤 것입니까?"

"붓다의 수행법이다."

나는 세 번 머리를 조아리고 일어서서 나왔다. 죽음에 대해 이렇게 명쾌하고 확신에 찬 말을 거침없이 하다니! 처음으로 죽음의 진실을 만난 듯 감동했다. 사야도는 죽음을 넘어서는 법을 알고 있을 것이라는 생각이 들었다. "십이연기 수행을 하면 죽음을 알 수 있다."고 한 것은, 수행을 열심히 하여 십이연기 수행을 해서 직접 알도록 하라는 뜻일 것이다. 십이연기 수행을 하지 않은 상태에서는 죽음을 말해줘도 알 수 없을 터이니 죽음을 알기 위해서는 십이연기 수행을 직접 해봐야 한다고 한 것이 아니겠는가. 십이연기 수행을 나도 할 수 있을까? 도무지 상상이 되지 않았다.

붓다의 가르침대로 사성제를 닦으면 업을 멈추고 죽음을 넘어설 수 있다는 분명한 대답을 듣고 나오면서 답답하던 마음에 한줄기 시원한 바람이 지나가는 것을 느꼈다. 온몸에 기운이 생기고 마음이 뭉쳐지는 것 같았다.

2. 스승은 붓다이시다

다음날 아침 호흡을 보며 집중하고 있는데 눈앞에 갑자기 붉은 스크린이 확 펼쳐져 나타났다. 깜깜하던 시계가 붉은빛으로 꽉 차서 어떻게 해야 할지를 모르고 머리를 흔들어 보았으나 벗어나지지를 않았다. 잠시 뒤 그 붉은 화면은 저절로 사라졌다. 이것이 무언가, 어떻게 이런 현상이 일어날까? 좋은 변화이기를 기대하며 들숨 날숨을 알아차리고 있으니 얼마 뒤 또 한 번 붉은 화면이 나타났다가 사라졌다.

그날 오후 인터뷰 시간에 이 성과를 보고하려니 마음이 설렜다.

"붉은빛이 시계를 꽉 채워 어떻게 할 수 없는 상태가 되었습니다."

놀라운 사실을 보고했다. 그런데 사야도는 별 일 아니라는 듯 태연히 말씀하셨다.

"네 잘못 아니다. 사대가 균형이 안 맞아 그렇다. 계속 호흡집중해라."

사야도는 목이 쉰 듯했다. 감기약을 드셔서 졸리는지 잠꼬대하듯 겨우 말씀하셨다. 가사를 머리까지 덮어쓰고 있는 것으로 봐서 감기가 심한 모양이었다. 더 물어보지 못하고 앉은 채 삼배하고 밖으로 나왔다. 사야도의 반응이 왜 그럴까? 칭찬을 할 줄 알았는데, 내가 잘못해서 그런 줄 알고 가여워하는 것일까? 이해가 안 되었다.

그 다음날은 노란빛이 떠서 시계를 차단했다. 시간이 지나 이런 현상이 지속되면서 놀라움도 잦아지고 그 색깔도 점점 옅어졌다. 저녁노을이 질 무렵에는 노을과 같은 색이 되었다. 다음날 인터뷰를 할 때 이 현상을 또 보고했다.

"오늘은 노란빛이 꽉 찼습니다."

"네가 바라서 나온 것 아니야? 호흡집중 잘 해라."

이 답변을 듣고 돌아와 가만히 생각해 보았다. 아무래도 내가 잘못하고 있는 것 같았다. 내가 바라서 나타난 것이 맞을까? 아무리 원한다고 그런 현상이 어떻게 일어날 수 있나? 정말 그럴까? 이렇게도 마음먹어보고, 저렇게도 생각해 보면서 호흡을 알아차려 보았다. 이상하게도 이후로는 빛 장막이 더이상 나타나지 않았다. 마치 어린아이가 저지레를 하다가 들킨 듯, 어디론가 그 빛들이 숨어버리고 다시는 나타나지 않았다. 그러면 그 빛들은 나도 모르는 사이에 내가 불러서 나온 내 마음이 만들어낸 환영이었는지 모른다.

들숨과 날숨을 좀 더 미세하게 알아차리려고 노력하다 보니 점점 숨이 가빠지고 가슴이 답답해지는 현상이 일어났다. 왜 그런가 하고 원인을 찾아봤더니, 날숨은 길고 들숨은 짧아서 균형이 맞지 않기 때문이었다. 이 문제를 인터뷰 때 보고했다.

"고르게 관찰해라."

사야도의 답변은 너무 간단했다. 조금 있다가 빙긋이 웃으면서 한마디 더 해주셨다.

"졸 때 날숨이 길면 앞으로 넘어지고, 들숨이 길면 뒤로 넘어진다."

그러고 보니 명상을 하기 위해 앉으면 고개를 앞으로 숙이고 졸기부터 하던 내 모습이 떠올랐다. 몇 번이나 넘어질 뻔하다가 놀라서 잠이 깼는지 모른다.

계획한 수행기간인 한 달이 다 되어가는 마지막 주가 되었다. 여성 수행자 중에는 빛이 뜨고 선정에 든 사람이 있다는 말이 돌았다. 그러나 남자 숙소에 서는 깜깜하다는 말만 돌았다. 가짜 빛이나마 떠서 속아본 내 경험이 유일한 빛에 대한 이야깃거리였다.

사야도가 마지막 법문을 했다. 사성제와 팔정도에 대한 붓다의 가르침이었다. 그리고 질문을 받았다. 남자 수행자 석에서 질문이 이어졌다. 사야도는 질문의 요지를 잘 이해하지 못하고 답변을 했다. 여기저기서 웅성대기 시작했다. 나도 답답했다. 나도 모르게 일어섰다. 목소리가 크게 나왔다. 실내가 조용해지고 나의 볼멘소리가 이어졌다.

"우리는 사야도가 세계적인 명상지도자라고 해서 좋은 성과를 얻을 줄 알고 한 달간 하라는 대로 열심히 했습니다. 그런데 지금 아무 것도 되는 것이 없습니다. 저희들의 근기에 맞는 수행방법을 가르쳐 주시기 바랍니다."

이 말은 통역이 제대로 된 듯했다. 사야도가 고개를 끄덕이고는 말씀하셨다.

"나는 다른 사람의 근기를 알지 못한다. 나에게 수행을 배우고 싶다고 해서 내가 수행한 방법을 가르칠 뿐이다. 사성제를 깨닫거나 지혜에 도달하려면 육 개월 이상 수행해야 한다. 오래 수행하도록 노력하라."

사야도는 마음이 편하기만 할 뿐, 책임감이 없어보였다. 한 달 수행한 성과와 수행 참가자들의 사정에는 무관심했다. 해답은 오래 수행하는 데 있다는 뜻인 것 같았다.

'여섯 달 이상 하면 지혜에 도달할 수 있다.'

그렇다면 다섯 달만 더하면 되지 않을까? 속으로 슬쩍 계산이 되었다. 여기서 그만두면 이 한 달간 오후 불식하며 참고 견딘 것이 아깝지 않은가 하는 생각도 들었다. 언뜻언뜻 사야도의 가르침이 정리되었다.

'오래 하면 되는 것이 방법이다. 계속하는 것이 유일한 길이다. 될 때까지 자꾸 하는 것이 기술이다. 그렇게 하면 빛이 떠서 선정에 들고 수다원이 될 것이다.'

불과 다섯 달 전에 군무원(군무에 종사하는 공무원) 정년퇴임을 한 나에게 새로운 임무가 생겼다. 모든 역량을 집중해 볼 만한 목표가 주어졌다. 은퇴 후 할 수 있는 일로서 이보다 더 좋은 것이 있을 수 없다. 이 나이에 지체하면 할수록 힘이 부족해질 것이다. 늙고 병들어 죽을 몸, 아껴서 뭣 하겠는가? 남은 수명의 에너지를 모두 쏟아 부어 이 일을 이룰 수 있다면 기꺼이 그래야 할 것이다.

나는 전투부대 지휘관으로서 야전을 누비며 오직 승리만을 위해 젊음을 불태웠다. 이제는 내 안에 있는 적과 일전을 벌여야 한다. 내부의 적을 찾아내기는 전장에서 적을 찾기보다 더 어렵다는 말도 있는데, 나는 그 표적을 본 것이다. 내 마음과 마음부수를 잘 훈련하여 내 몸과 마음을 점령하고 있는 번뇌의 마군들을 소멸하고 업을 멈추어 윤회를 종식시키고 열반하는 작전이다. 산전수전 다 겪은 노병이 마지막 결전의 기회를 맞아 필생의 운명을 건 승부처다. 사관생도 때 세운 좌우명은 '내 일생은 최후의 전투에서 마지막 총탄을 맞고 장렬히 전사하는 것'이지 않았던가! 최후를 각오한 비장한 무사의 기질이 살아나면서 호흡이 가라앉고 점점 깊어졌다. 내심으로는 군에서 어떠한 특수훈련도 다 해내었는데, 이렇게 앉아서 뭉개며 숨을 보는 훈련으로 이룰 수 있는 것이라면 얼마든지 할 수 있을 것 같았다.

한 달간의 집중수행 마지막 인터뷰를 하기 위해 사야도 앞에 앉았다. 내 순서가 되자 사야도가 나를 주목했다. 나는 무릎을 꿇고 앉아 두 손을 모으고 말했다.

"저는 수행을 계속하고 싶습니다. 저를 제자로 받아주십시오."

"스승은 '너는 내 제자다.' 하고 제자를 선택하지 않는다."

"……?"

"제자가 스승을 선택하면 된다."

"파욱에 가서 수행하고 싶은데 받아주시겠습니까?"

"웰컴."

사야도는 오른손을 펴서 머리 위에 올리고는 앞뒤로 흔들었다. 나는 무슨 뜻인지 알 수 없어서 쳐다보고만 있었다. 사야도는 빙그레 웃으면서 계속 그러고 있었다. 통역도 말을 못하는데, 곁에 있던 한 스님이 알아차린 듯 말해주었다.

"머리를 깎으랍니다."

나는 말문이 막혀버렸다. 내가 머리를 깎고 스님이 되겠다는 생각은 그때까지 꿈에도 해본 적이 없었다. 나는 더듬거리며 말했다.

"그런… 생각은… 해보지 않았는데요."

그러나 사야도는 계속 손을 머리 위에 흔들면서 머리를 깎아야 한다는 뜻을 나타내고 있었다. 머리를 깎아야만 제자로 받아주고 파욱에서 수행할 수

스승은 **붓다**이시다

있다는 뜻인 것 같았다. 일단 사야도의 손을 내리게 하고 봐야겠다는 생각이 들었다.

"여건이 되면… 그러겠습니다."

내가 조금 애매한 말을 하자 통역이 망설였다. 사야도가 통역을 쳐다보며 손을 조금 더 세게 흔들었다. 그 기세에 눌린 듯 통역도 손을 머리 위에 대고 흔들면서 "깎겠답니다."라고 해버렸다. 사야도는 그제야 손을 내리고 나를 가만히 보더니 한마디 더 해주셨다.

"말하지 마라. 속으로도 중얼중얼 말하지 마라."

"감사합니다. 스승님!"

삼배를 했다.

"스승은 붓다이시다!"

다시 삼배를 하고 물러났다.

돌아오면서 생각을 정리해 보았다. 파욱 사야도는 스승은 오직 붓다 한 분이고, 사야도 자신은 선배 도반으로서 스승의 가르침을 전달할 뿐이라는 것으로 이해되었다. 정녕 사야도는 나에게 바른 길을 가르쳐줄 훌륭한 도반일까? 그러기를 바라는 기대와 그럴 것이라는 믿음이 생겼다.

3. 영원한 행복을 찾아 떠나다

한 달 동안 저녁마다 들은 법문은 모두 꼼꼼히 적어두었다. 파욱 사야도가 다섯 번, 레와따 스님이 스무 번을 진지하고 친절하게 강의했다. 그분들은 파욱명상센터에서 가르치는 내용들을 거의 다 알려준 것 같았다. 그것은 붓다가 가르치신 법을 그대로 실천하는 수행 방법이었다. 그 가르침대로 실습을 하면 붓다의 성스러운 제자가 될 수 있겠다는 믿음이 생겼다. 붓다가 가르친 대로 배울 수 있는 이 유일한 길을 따르지 않을 수가 없었다. 죽음을 넘어 영원한 행복을 찾아 그곳으로 가야만 했다.

　나를 더 이상 필요로 하지 않고 내가 더 해줄 것이 없는 이 사회와 가정에서 모든 관계를 정리하고 유학을 떠난다고 했을 때, 아무도 알아주거나 관심을 보이지 않았다. 가족들도 내가 여행을 다녀오려는 줄 알았고, 친구들은 불교에 너무 빠졌다고 염려하기도 했다. 누가 뭐라고 하든 상관하지 않고 사회와 가정사를 미련 없이 정리했다. 이제부터는 홀로되어 오직 내 자신을 위해 진실하게 살고 싶었다. 이대로 은퇴자의 노후를 보내다 죽음을 맞아서는 안 된다는 절박함과 남은 인생을 최선의 목표에 걸어볼 수 있는 절호의 기회를 놓칠 수 없다는 절체절명의 결의가 마음을 지배했다. 그래서 다시 돌아온다는 기약 없이 출리(出離)하여 유행의 장도에 올랐다.
　떠나던 날 새벽 깜깜한 하늘에서 차가운 진눈깨비가 떨어지고 있었다. 버스를 타고 공항으로 가면서 이런 날씨에 비행기가 뜰 수 있을지 걱정이 되었다. 탑승수속을 밟으면서도 불안한 마음을 지울 수가 없었다. 창가 좌석을 배정받아 탑승을 했다. 자리에 앉아 창밖을 보니 여전히 진눈깨비가 날리고 있었다. 그러나 이 정도 기상에는 문제가 없다는 듯 비행기는 움직이기 시작했다. 속도를 높이며 굉음을 내던 비행기가 이륙하면서 먹구름 속으로 들어갔다. 고도를 높이는 동안 잔뜩 긴장을 하면서 어두운 창밖을 내다보고 있는데 갑자기 환히 밝아졌다. 어느새 구름은 사라지고 찬란한 햇빛으로 가득한 푸른 하늘이 끝없이 펼쳐지고 있었다. 저 아래를 굽어보니 답답하게 하늘을 덮고 있던 구름이 마치 솜을 타 놓은 듯 부드럽게 깔려있었다. 저 구름이 세상을 덮고 있는 것을 보면서 내 지난 일들은 구름 속에 있었다는 생각이 들었다. 그러자 더 이상 구름을 보고 싶지 않았다. 눈을 들자 광명과 희열이 벅차게 밀려왔다. 나는 구름을 벗어나 하늘로 올라왔다는 안도감이 들었다. 한없이 맑고 밝은 하늘로 날아가고 있으니 무거운 짐을 내려놓은 듯 마음이 가벼워졌다.

미얀마 남부 '몬'주의 작은 읍 '파욱'은 강변 숲속에 있었다. 히말라야산맥의 동쪽에서 발원한 살윈강이 미얀마 국토를 북에서 남으로 흘러내려와 안다만해협과 만나는 그 강변에 있었다. 잘 가꾼 거목들로 이루어진 숲속에 고색창연한 마을이 있었다. 마을 뒤편으로 야산들이 완만한 능선을 이루고 있는데, 넓은 평지에는 고무나무를 심어놓았다. 그 가운데 깊은 계곡을 따라 올라가면서 명상센터의 시설물들이 위치하고 있었는데, 양쪽 산비탈에 수행자들의 거처인 꾸띠(kuṭi)라고 하는 오두막들을 수백 채 지어놓았고, 맨 위에 있는 봉우리 중턱에 명상홀이 있었다.

양곤에서 야간 고속버스를 타고 밤새 달려서 아침에야 도착했다. 도로 사정이 좋지 못하고 행정구역 경계를 지날 때마다 검문을 받느라 많은 시간을 소비했다. 지치고 몽롱한 상태로 물어물어 외국인 수행자 사무실을 찾아갔다. 신입수행자 등록을 할 때, 누가 초청해서 오게 되었으며, 얼마나 머물고, 수계를 어떻게 하겠느냐는 등의 질문을 받았다. 나는 파욱 사야도께서 "웰컴" 하시며 초청했고, 언제까지 머물지 정하지 않았으며, 계는 주는 대로 받겠다고 했다. 등록이 마무리되고 외국 수행자 관리 책임을 담당하는 사야도에게 인사를 하고 나니 꾸띠 열쇠를 하나 주었다.

원두막처럼 지은 판잣집 꾸띠에서 맞은 첫날밤은 잠을 이룰 수 없었다. 문과 벽의 틈새로 바람이 들어오고 모기떼가 날아다녔으며, 문 앞에는 고양이 우는 소리가 왔다 갔다 했다. 감각기관이 예민해져 모기소리가 공명이 되어 점점 더 크게 들렸고, 고양이 소리는 살기가 느껴져서 무섭기까지 했다. 새로운 곳의 위치 인지능력이 혼란을 겪고 있는지 불안하고 초조한 상태로 촉각이 곤두서 있는데, 어디서 닭 우는 소리가 들려왔다. 이어서 뭇 새들이 제 목소리를 자랑하듯 우짖어댔다. 곧 예불을 알리는 목탁소리가 잠든 중생을 벌떡 일으킬 만큼 크게 메아리쳤다.

이렇게 하루가 시작되어 아침예불이 끝나면 그대로 앉아서 명상을 하다가 다음 목탁이 울리면 식당으로 가서 탁발공양을 하고, 꾸띠에 와서 청소와 정비를 하다 보면 또 목탁이 울려서 명상홀에 가야 했다. 명상홀 맨 뒷자리에 앉아 다른 수행자들이 하는 것을 따라했다. 일과는 단순하지만 빈틈이 없었다. 오직 명상을 위한 일과였다. 그렇게 온종일 명상을 해도 수행은 진전을 보이지 않았다. 새로운 환경에 적응하면서 우선 일과에 따르느라 수행자의 흉내를 내는 데 급급했다.

4. 머리 깎고 계를 받다

다가오는 포살 날에 수계 행사가 예정되어 있었다. 엿새 남았는데, 그때 나도 같이 사미계를 서둘러 받으라고 했다. 그러기 위해서는 준비절차에 따라 준비물을 갖추어 사전 교육을 받아야 했다. 준비물은 가사, 허리띠, 발우, 발우가방, 깔개, 바늘과 실, 정수기, 휴대품가방, 면도기 등이었다.

수계식 때 예를 갖추고 계사스님께 삼귀의와 십계를 청하고, 계명을 빠알리어로 따라 외워야 한다고 했다. 도서관에서 『상좌부 수계 의범』이라는 책을 빌려다 읽으며 준비를 했다. 외국인 수행자 관리를 담당하는 스님에게 두 번에 걸쳐 준비물 점검을 받고, 삼귀의와 십계를 빠알리어 발성법에 맞추어 암송하는 훈련을 해서 예행연습 과정을 통과했다.

수계식에는 계사스님과 외국 수행자를 지도하는 미얀마 스님 네 분이 참석했고 한국인 수행자 여섯 분도 참석했다. 수계식은 한 시간 정도 걸렸다. 수계식이 진행되는 중간에 미얀마 스님들이 경을 몇 번 빠알리어로 외워 축원해 주었다. 그 뜻을 알지는 못했으나 경건한 마음이 들었고, 수행을 잘 해야만 하겠다는 결의를 다지게 되었다. 수계식이 진행되는 과정에 머리를 깎고 가사를 입는 순서가 되었다. 준비해간 필수품을 들고 밖으로 나왔다. 수돗가 삭발대에서 머리를 감고 삭발을 하려고 일회용 면도기를 꺼내니 보고 있던 한국 수행자 한 분이 그럴 줄 알았다는 듯 날이 네 개나 있는 큼지막한 면도기를 가지고 와서 목덜미를 한 번 눌러놓고는 정수리에서부터 사정없이 쓱쓱 밀어 내렸다. 비눗물을 훔치며 눈을 떠보니 바닥에 검은 머리카락 무더기가 떨어져 밟히고 있었다. 그리고 속인의 옷을 모두 벗게 하더니 괴색 가사를 몸에 척척 둘러서 입혀 주었다. 정신이 없었다. 순식간에 일어난 일이었다. 머리를 깎는 중이나 가사를 입으면서 깨달을 수도 있다고 했지만, 깨달음은 그런 데서 쉽게 일어나는 것이 아니었다. 삭발염의로 행색만 일단 갖추고 계사스님께 예를 올리자, 무슨 요일에 태어났느냐고 물었다. 토요일이라고 했더니, 책력 같은 것을 살펴보고는 법명을 지어 주었다.

"디카담다가웨사카(Tikkhadhammagavesaka)"

'예리하게 법을 보는 수행자'라는 뜻이라고 했다. 뜻은 좋지만 너무 길어서 받아 적기도 힘이 들었다. 아무래도 지금 말해야 할 것 같았다.

"법명이 너무 긴 것 같습니다. 짧게 줄여 주셨으면 합니다."

계사스님은 잠시 생각하더니 선심을 쓰듯 시원스럽게 말했다.

"디카!"

"디지털 카메라"

나도 모르게 나온 말에 모두가 웃었다. 계사스님이 끝으로 한 말씀 해주셨다.

"디카로 법을 모두 사진 찍어라."

계를 받고 나면 곧 빛이 뜨고 선정에 들 것 같았다. 그러나 며칠도 지나지 않아 그것은 막연히 요행을 바라는 기대심리였다는 것을 알 수 있었다. 겉모습을 바꾸었다고 속도 바뀌는 것이 아니었다. 마음을 아무리 고쳐먹어도 수행은 진척되지 않았다. 여전히 생각에 생각이 꼬리를 물고 일어나고, 멈추지 못하고 돌아가는 레코드처럼 되풀이되는 기억들, 이 망상들과 시비하고 흥정하다 지쳐 쓰러지곤 했다.

피로만 더할 뿐 되는 것이 없었다. 환경에 적응하기도 힘겨웠다. 몸이 자꾸 무거워지고, 춥다가 열이 나기도 하며 체온 조절이 잘 안 되었다. 소화불량은 만성이 되어 제대로 먹지를 못하니 몸은 야위어만 갔다. 잇몸이 부어오르고 통증이 심해졌다. 엄지발가락에 물집이 잡히더니 종기가 되어 진물이 나왔다. 몸이 안 아픈 곳이 없을 지경이 되어 꾸띠에서 앓고 있는데, 한국 스님 중 가장 오래 수행을 한 목원스님이 찾아왔다. 내 머리를 깎아 주었던 그 스님이 나의 몸 상태를 살펴보더니 이렇게 말했다.

"신고식을 단단히 하는군. 아직 한 달도 안됐잖아. 좀 빠른데. 직장생활에 스트레스를 많이 받았나보지요. 볼이 부었네, 사기가 빠지려고 그럽니다. 사

32 스승은
붓다이시다

혈을 해야 되겠네."

당연히 겪어야 할 과정이라는 듯 말하고는 가방에서 사혈 침을 꺼냈다. 많은 경험이 있는 듯 능숙하게 부어오른 잇몸과 볼, 엄지발가락 등 이상이 있는 부위는 모기 물린 데까지 모두 찔러 피고름을 빼내주었다. 그러고는 병뚜껑만한 호랑이연고를 바르라고 주며 수행 경험이 많은 선사답게 한마디 했다.

"단기간에 하려고 하지 말고, 무기한으로 수행해야 합니다. 수행하다가 생을 마치면 최선임을 알고 하는 것이 수행이지요."

목원스님이 가고 아픈 부위를 찾아 호랑이연고를 바르는데, 마음속 깊은 곳에 숨어있던 회한이 밀려올라왔다. 온몸에 힘이 빠지고 식은땀이 났다. 침상에 누운 채로 오한과 어지럼증이 일어나 움직일 수 없었다. 몸은 자꾸 깊은 곳으로 가라앉았다. 수행하다 생을 마치는 것이 최선이라면, 나는 아직 수행을 못했으니 이대로 죽으면 안 된다는 생각이 들었다. 한 단계라도 수행이 될 때 죽어야지, 제발 수행이라는 것이 좀 되었으면, 그것 하다 죽고 싶었다.

내가 어리석어 명상이라는 낚싯밥을 탐내었다. 사선을 넘어서야 바라볼 수 있는 닙바나라는 최종 목표에 준비도 없이 성급하게 도전한 것이 잘못이었다. 가만히 생각해보니, 나는 체질적으로 명상을 할 수 있는 위인이 못되었다. 약관에 보병장교가 되어 야전에서 잔뼈가 굵으며 산전수전 다 겪은 뒤 노병이 되어 퇴역을 하자마자 전혀 어울리지 않는 명상수행을 한다고 이국의 숲속에서 이렇게 하고 있으니, 그 결과는 기대할 바가 전혀 되지 못한 것이 당연하였다. 여기서도 야전에서 전투 지휘하듯, 수행을 작전 임무수행처럼 하고만 있으니 될 리가 없었다. 그리고 기존 수행자들과는 전혀 다른 접근 방법으로 하고 있으니 아무도 도와줄 만한 것이 없었다. 제 분수를 모르고 함부로 덤빈 기회주의가 부른 착오였다. 아니면 타고난 자질도 원인도 없으면서 전투하듯 수

단방법을 가리지 않고 도전하는 습성 때문에 이렇게 되었는지도 모른다. 나에게는 그 희망이라는 것이 환상이었다는 것을 이제야 알 것 같았다.

그래도 여기까지 왔는데, 지푸라기라도 하나 잡아보고 싶었다. 그러나 이런 위선자의 모습으로 수행을 할 자격은 아무리 찾아봐도 없는 것이 맞는 것 같았다. 내가 이래도 수행에 대한 욕심을 놓지 않으면 틀림없이 더 큰 고통을 당하다가 지옥으로 떨어지는 벌을 받을 것이다. 이 성스러운 수행처의 대중을 속여서 가사까지 얻어 입고 발우를 들고 수행자인 척 속여먹는 사기죄가 쌓이기 때문이다. 마지막으로 남은 양심과 수치심이 조금이라도 있다면 도저히 이런 사이비 행각을 더 이상 지속해서는 안 된다는 가책이 더할 뿐이었다.

그래서 결론을 내렸다. 나의 지난 삶은 모두 어리석은 탐욕이 저지른 잘못된 것이었다. 나의 지나간 날들의 삶은 돌이킬 수 없는 과오일 뿐, 그 성취의 쾌감들도 지금 보니 모두 한순간의 착각이었으며 그 실은 괴로움이었다. 내 마음속에서 떠오르는 기억은 뼈아픈 참회가 되는 것뿐이고, 일어나는 생각 자체가 괴로움일 따름이다. 그래서 나라는 존재는 지금 어느 누구에게도 도움이 안 되며 없는 것보다 못하다. 어디에도 있어서는 안 될 해악만 끼치는 악마와 같은 존재다. 이 신성한 곳에 숨어든 흉악범이다. 어느 곳에서도 용서받을 수 없고, 살아봐야 죄만 더 쌓을 뿐이다. 더 이상 폐를 끼치지 말고, 더 이상 죄를 짓지 않기 위해서는 한시라도 빨리 없어져야 한다. 뒷산 밀림 속으로 들어가 호랑이를 만나면 되겠다는 생각을 하다가 천둥치는 날 산 위에 올라가 벼락을 맞고 산화해 버리면 깨끗하겠다는 작심을 했다. 이제부터 없어지는 방법을 실행하기만 하면 된다. 그때까지는 살아있어도 시체와 다를 바 없으니 죽은 척하기로 했다.

우두커니 바라보고 있는 창밖 후박나무에 청설모가 이 가지에서 저 가지로 건너뛰었다. 때까치 한 무리가 나무 위에서 하늘로 날아올랐다. 그들은 평화롭고 자유로이 저 공중의 맑은 바람과 밝은 빛을 마음껏 즐거워하는 것으로 보였다. 나는 저들보다 못하구나. 탐욕뿐인 나는 공연히 지혜를 얻는다며 이렇게 힘들어 하고 있다는 생각이 들었다. 내가 짐승보다 못하다는 것을 알았다. 저 나무는 어떤가? 아무도 해치는 일 없다. 새들이 와서 앉아 쉬게도 하고, 다람쥐가 올라가도 가지를 내어 맡기며 편안히 서서 푸른 잎을 펼쳐 이 무더운 날씨에 그늘을 제공하고 있다. 처마 밑에 돌들이 축대를 이루고 있는 것이 보였다. 저 돌은 아무 괴로움이 없다. 자연의 주인으로서 놓이는 대로 만족하며 든든히 자리를 지키고 있다. 나는 저 작은 짐승보다 못하고 나무보다도 못하며 돌보다도 못한 열등한 존재라는 깨달음이 생겼다. 짐승과 식물, 그리고 무생물까지 자연으로 잘 살아가는데 나만 거기에 끼지 못하고 외톨이가 되어 어리석게도 무엇이 되지 못해 괴로워하고 있다는 것을 알았다.

5. 탁발을 하다

날이 갈수록 호흡을 보아도 집중이 되지 않고 잠도 이루지 못했다. 조금 누웠다가 벌떡 일어나 머리를 쓰다듬어 보고, 새벽예불 시작을 알리는 목탁을 칠 때까지 멍하니 앉아 있곤 했다. 묵언을 하고 속으로도 말하지 않기로 했다. 식욕도 떨어져 식당에 탁발을 가지 않고 미숫가루를 물에 타 마시고 말기도 했다. 발우를 들고 음식을 받기가 수치스러웠다. 이 청정한 도량에 가짜 수행자가 공짜로 밥을 타 먹겠다고 그 순박한 손앞에 발우를 내밀 염치가 없었다.

탁발은 식당 복도에 줄을 서서 배식대로 가면서 이 명상센터에서 만든 밥과 국, 삶은 콩과 나물 반찬을 받는다. 그리고 복도를 따라 나가면 개인 시주들이 각자 정성들여 준비해 온 보시물들을 나누어 주었다. 자기가 직접 농사지은 채소와 과일, 떡과 요리 반찬, 그리고 각종 일용품등 그 종류도 다양했다. 그 소중한 공양물을 양손으로 받쳐 들고 있다가 수행자가 지나가면 발우에 담아주며 속으로 소원을 비는 모양이었다.

나는 비구 줄 맨 뒤에 따라가며 식당에서 만든 음식을 받고는 개인 보시자의 공양물을 받지 않기 위해 발우를 가사자락으로 덮고서 앞만 보고 지나쳐 갔다. 열댓 명의 개인 보시자들을 다 지나왔을 때, 갑자기 내 앞으로 대여섯 살 먹어 보이는 여자 아이가 무릎을 착 꿇더니 비스킷을 하나 내밀었다. 곱게 차려입은 어린이가 고사리 같은 손으로 자기가 가장 좋아하는 것을 스님에게 올리며 소원을 비는 모양이었다. 그 어린이 뒤에는 할머니가 과자 통을 들고 서 있었다. '오늘이 이 아이의 생일인가. 내 앞에 지나가는 스님들을 그냥 쳐다만 보다가 왜 하필 나에게 주나?' 피할 수가 없었다. '가사는 걸쳤지만 나는 스님이 아닌데, 나 같은 동냥아치에게 보시해 봐도 아무 효과가 없을 텐데 어쩌나.' 그러면서도 무릎을 굽히며 가사자락을 열고 발우 뚜껑 위에 놓게 했다.

꾸띠에 돌아와서 여느 때와 같이 혼자 앉아서 발우에 든 음식을 먹었다. 마지막으로 발우 뚜껑 위에 있는 비스킷을 집어 들었다. 무심코 입안에 넣고 깨물었다. 파삭 하는 소리와 함께 비스킷이 부서졌다. 밀가루와 설탕과 우유 맛이 입안에 퍼졌다. 순간 숨구멍이 잘못 열려서 비스킷 가루가 목을 콱 막아버렸다. 잠시 저작을 못하고 그대로 있어야 했다. 눈물이 핑 돌았다. 부스러기들이 침에 녹는 동안 눈물이 흘러내렸다. 어린아이의 눈까지 속여먹으니 그것이 목구멍으로 넘어갈 리가 있겠나! 내가 잘못했다. 이러는 게 아닌데…. 잘못된 행위를 한 것이 후회되고, 이러고 있는 것이 답답하여 가슴이 콱 막혔다가 뒤집어지더니 뜨거운 덩어리가 울컥 올라왔다. 나라고 하는 위선의 탈이 털썩 벗겨지고 탐욕의 허상이 벌겋게 드러났다. 이것이 나였구나! 지금까지 살아온 나는 가짜였다. 무엇이 되려고 하는 어리석음이 꾸민 연극이었다. 나는 없고 욕망뿐이었다. 더러운 욕망이 원하는 대로 살았다. 진실은 없고 거짓과 위선뿐이었다. 눈물이 그치지 않았다. 닦으면 또 흘러내리기를 계속했다.

오후 명상을 할 때는 그 어린이의 영상이 딸아이로 바뀌면서 더 애절한 회한이 일어났다. 딸이 갓난아기 때부터 자라나던 모습이 떠오르면서 모두 내 탐욕 때문이었음을 깨닫고 탄식하였다. 내 탐욕 때문에 일어난 일이 떠오르면 눈물이 쏟아졌다. 그 기억 속의 일들을 고쳐줄 수 없는 것이 슬펐다. 그래서 눈물이 나는 것일까? 나라는 허상을 고수하던 습관의 마지막 보루도 무너졌다. 햇빛에 녹아내리는 눈사람처럼 온몸이 녹아서 물에 젖는 듯했다. 눈물샘의 물꼬가 터져버린 것인가, 큰물 속에 잠겨 흘러가는 듯했다. 한 번 빠진 홍수 속에서 헤어 나오기는 쉽지 않았다. 근 일주일 동안 흐르는 대로 떠내려가야 했다.

온몸에 들어있던 힘이 녹아 눈물로 흘러나온 것일까. 몸과 마음은 기진맥진하여 아무 의욕도 찾을 수 없었다. 머리끝에서 발끝까지 온몸에 맺혀있던 응어리가 녹아내리는 듯 힘이 다 빠졌다. 갈애로 인한 집착과 애착의 원인과 조건이 해체된 것일까. 의지가 사라지고 마음이 텅 비어 무생물처럼 수동적으로 바뀌어져 갔다.

6. 니밋따를 보다

명상홀에 앉아 호흡에 집중하고 있으면 실컷 울고 난 것처럼 콧잔등이 뻐근해지고 몸이 나른해져 가라앉는 듯했다. 호흡이 미세하고 몸에 경안이 왔다. 좋은 변화일 것 같았다. 그래서 며칠 전부터 오후에는 네 시간을 그대로 앉아 있었다. 집중이 잘 될 때면 코 주위와 인중 부위에 전류가 흐르는 듯 찌릿한 감각을 느꼈다.

뻐근하거나 찌릿한 감각이 올 때면 접선이 되어 전류가 흐르는 듯했다. 집중이 잘되고 있을 때 그런 느낌이 왔으므로 집중을 더 잘 해보려고 몰입했다. 점점 그 느낌의 강도가 심해지더니 그 절정에 이른 듯했을 때, 고목의 나무껍질과 같은 큰 무늬가 나타났다. 거목의 둥치 무늬가 사라지자 턱 밑 아래서부터 뻐근한 느낌이 벅차오르더니 숨이 멈추어지는 듯하면서 전면 좌측에서 솜덩이처럼 하얗고 연꽃송이 같이 생긴 표상(nimitta)이 선명하게 나타났다. 잠시 머물다 우측으로 사라지고, 또 나타나기를 기다리며 집중하고 있으면 다시 나타났다 사라지기를 세 번이나 했다. 간절히 바라던 소식이 온 듯 반가웠고 보물을 찾은 듯 소중했다. 또 나타나고 오래 머물기를 원했으나 마음이 벌써 들떠서 그런지 더 되지 않았다.

오후 정진이 끝나고 내 건강이 궁금했는지 목원스님이 지나는 길에 꾸띠에 들렀다. 사혈한 결과가 어떤지를 확인하더니 부기가 가라앉은 것을 보고 사혈의 효험을 자랑했다. 그리고는 나에게 물었다.

"호흡은 잘 보입니까?"

"솜구름이 보였는데, 맞는지 모르겠습니다."

요 며칠 동안 있었던 호흡수행의 변화와 솜구름처럼 표상이 뜬 것을 이야기 했다. 자세한 설명을 듣고 나더니, 내 무릎을 탁 치면서 깜짝 놀라도록 소리쳤다.

"니밋따 맞다!"

욱가하 니밋따(ugga-ha-nimitta, 익힌 표상)가 떴으니 그대로 호흡집중해서 정진하면 빠띠바가 니밋따(paṭibāga-nimitta, 닮은 표상)가 밝게 뜰 것이니까 사선정까지 밀어붙이라고 했다. 그리고 목원스님은 전에 여기서 같이 수행했던 한 도반과 한 달간 인도 성지순례를 떠난다고 했다.

그 뒤로 니밋따에 대한 믿음과 자신감이 커졌다. 하루 열다섯 시간 이상을 앉아 있었다. 할 수 있는 일은 이것뿐이었다. 그런데도 빛은 별로 밝아지는 것 같지 않았다. 다만 조금 자주 그 빛이 뜨는 것 같았다. 무리를 한 때문인지 또 위장이 탈났다. 죽만 먹어야 했다. 몸이 괴로우니 참담한 마음이 들기도 했다. 그러나 다른 방도가 없었다. 될 때까지 참고 해보는 수밖에 없었다.

이런 방식은 내 습관이 가장 참지 못하던 것이었다. 한번 해보고 안 되면 다른 방법을 찾아보는 것이 나의 습성이었다. 불교 공부도 그랬다. 직장 생활을 하면서도 한때는 강좌를 들으며 교학을 열심히 배웠지만, 수행을 해서 깨달음을 얻어야 한다는 것을 알고는 그만두었다. 간화선을 배우고 수련회를 다니면서 철야정진도 해봤지만 성성 적적 같은 것이 되지 않아 시들해졌고, 절 수행도 해보고 염불과 주력도 해봤지만 이렇다 할 성과를 얻지 못했다. 그래서 타고난 하근기에 수행은 인연이 되지 않는 것으로 알고, 공덕이나 쌓아야겠다고 웰다잉 강사와 호스피스 자격을 퇴직 준비로 하지 않았겠는가. 그러던 것이 무슨 업보인지, 지금은 과거와는 정반대의 행보로 기후풍토와 음식문화가 낯선 타국에 와서 심신이 한계에 달해 참담한 상태가 되어도 달리

해볼 방법이 없으니 참으로 답답하였다. 이제 남은 것은 붓다의 가르침대로 수행하면 된다는 실낱같은 믿음 하나뿐이었다. 오로지 마음을 챙겨 호흡에 집중하는 이 지푸라기만 잡고 있을 수밖에 없게 되었다.

근기가 수승한 사람은 진리의 말 한마디만 듣고도 깨닫고, 다음으로 근기가 좋은 사람은 자세한 설명을 듣고 깨닫는다고 했다. 그런 사람들은 붓다 당시에 주로 있었고, 오늘날은 수행으로 하나하나 체득을 해야만 깨달음을 얻을 수 있는 사람과 수행을 해도 깨달음으로 나아가지 못하는 근기를 가진 사람이 대부분이라고 했다. 나는 아무리 수행을 해도 진전이 없는 하근기임을 절감하고, 이럴 바에야 되는대로 수행하는 습이나 들이다 죽는 수밖에 없다는 생각을 했다.

아침에 빛이 코앞에 잠시 머물다 사라지고 나면 하루 종일 뜨지 않았다. 에너지가 충전된 아침에 빛이 뜨다가 몸이 피로해지면 빛이 보이지 않는 것 같았다. 하도 답답하여 오래간만에 외국인 수행자를 지도해주는 레와따 스님을 찾아가 이런 현상을 보고했더니, 답변은 늘 하던 것과 별로 다를 바 없었다.

"빛이 뜰 것이라고 기대하지 말고, 호흡집중 계속해라. 미세호흡과 자연호흡을 봐라. 인터뷰를 오지 않아서 간 줄 알았다. 너를 잊지 않고 있다."

풀이 죽은 나를 동정하고 있구나 싶어서 한마디 더 물어보았다.

"겉모습만 수행자 같고 속은 그렇지 못하니, 어떻게 해야 할지 가르침을 좀 주십시오."

"계를 잘 지키며 수행 열심히 하면 된다."

그러고는 가까이 오라고 손짓을 하더니 가사를 한 벌 건네주었다. 감격하여 삼배를 하고 나왔다. 가사를 안고 돌아오면서, 이 가사가 내 날개가 되었으면 하는 생각을 하다가 스님을 따라 죽을 때까지 수행을 하고 다음 생의 옷으로 이어지게 수의로 입어야겠다는 생각도 했다.

파욱 사야도는 삼 년 넘도록 외국에서 수행지도를 하는 중이고, 이곳에서는 그의 제자 스님들이 수행을 지도하고 있었다. 사야도는 외국에서 초청을 하는 곳이 너무 많아 돌아올 기약이 없다고 했다. 그래도 언젠가는 돌아와 사야도가 직접 지도해 줄 것이라는 기대를 가지고 수행 진도를 높여놓아야겠다는 생각을 하고 있었다. 수행은 자기가 하는 것이지만, 스승의 가르침과 확인이 절대적으로 필요하다고 믿고 있었다. 수행만 잘 되면 사야도가 머무는 곳으로 언제든 찾아갈 수도 있지 않을까 하는 생각도 해봤다.

그러나 수행은 더 이상 진전이 안 되었다. 소화가 안 되니까 음식을 제대로 먹을 수도 없어 몸은 야위어만 갔다. 수행의 진전이 없으니 우선 건강을 회복하고 봐야겠다는 생각이 들었다. 생존을 하고 봐야 했다. 까삐야(안내인)에게 과일과 꿀을 사오도록 부탁했다. 두리안과 망고와 꿀이 입맛을 돋우고 소화도 되었다.

이 무렵, 한국 여성 수행자들이 김치와 된장국을 비닐봉지에 담아서 탁발 시 한국 남자 수행자들에게 나누어 주었다. 동병상련을 겪고 있을 동포들을 위해 맞춤 보시를 해준 것이었다. 이 반찬으로 밥을 먹었더니 속이 편안하고 소화도 잘 되었다. 김치와 된장은 내 몸에 약이 되었다. 이후 이곳에서 우리나라 여성 수행자들로부터 가끔 김치와 된장을 얻어먹는 행운이 있었으며, 그 덕분에 소화불량을 겨우 견뎌낼 수 있었다.

빛이 뜰 것이라고 기대하지 않고, 소화가 잘되는 것으로 가려먹고 쉬었더니 건강이 더 악화되지는 않았다. 사야도가 여섯 달 안거하면 된다고 했으니 이곳에 그만큼만 있어보기나 하자는 생각을 했다. 명상홀에 가는 시간도 오후 네 시간만 하고 나머지 시간은 혼자 산책도 하고 꾸띠에서 편하게 보내기로 했다. 그저 좀 더 있어보는 자포자기 상태와 같이 되었다.

이렇게 마음이 가벼워지고 몸이 편해지니까 빛이 좀 더 밝게 뜨고 오래 머물렀다. 다시 앉는 시간을 점점 늘려나갔다. 빛도 안정되어 갔다. 삼십 분 이상 빛이 유지되면 보는 대상을 호흡에서 빛으로 전환하라고 했는데, 그렇게 되는 것 같았다. 호흡을 보다 빛이 뜨고 안정되어 삼십 분 정도 지나면 보는 대상을 빛으로 전환하는 훈련을 반복했다. 인터뷰를 해서 이 변화를 보고하려 했더니, 레와따 스님은 신병 치료차 말레이시아로 출국하고 없었다.

7. 선정을 얻다

(1) 초선정

파욱 사야도의 법문 책 『사마타 그리고 위빠사나(Knowing and Seeing)』(무념스님 옮김)와 직접 강의를 들으며 적은 노트를 보면서 선정에 드는 연습을 해 보았다. 미얀마 말을 모르고 영어로도 인터뷰가 어렵다 보니 혼자서 해보는 수밖에 없었다. 『청정도론(Visuddhi Magga)』(대림스님 옮김)과 『아비담마 길라잡이(Abhidhammattha Sanghaha)』(대림스님, 각묵스님 옮김), 그리고 『네 가지 마음챙기는 공부, 대념처경과 그 주석서』(각묵스님 옮김), 『들숨 날숨에 마음챙기는 공부』(대림스님 옮김)를 보면서 실습을 반복했다. 그러는 동안 안거한 지 여섯 달이 지나가고 있었다.

성지순례 갔던 목원스님이 돌아왔다. 한 달간 여행하고 온다더니 두 달이 지나서야 돌아왔다.

"안나푸르나에 있는 사원에 갔더니 선정에 속속 잘 들어가져서 더 있다 왔지."

거기서 기를 많이 받아와서 단번에 과정을 마칠 듯이 자신과 결의를 다졌다. 목원스님은 나의 수행이 얼마나 진전되었는지 물었다.

"얼굴 앞에 있던 빛이 점점 커지더니 앞에 좀 머물다 뒤로 가버려요. 등 뒤만 환하고⋯."

목원스님이 내 무릎을 탁 쳤다.

"그거란 말이야!"

나는 깜짝 놀라며 정신이 번쩍 들었다. 목원스님은 인터뷰를 못해서 문제라며 혀를 차면서 돌아갔다. 왜 나는 그것을 몰랐을까? 법문 노트와 책을 그렇게 읽고 새겨봤건만 그런 줄은 몰랐다. 경전대로 수행한다는 것의 어려움을 실감했다. 그래서 도제식으로 수행을 해야만 된다고 했구나 하는 말이 이해가 되었다. 책에 쓰여 있는 것처럼 '별빛처럼 보름달처럼 코앞에서 빛나야'만 되는 줄 알았다. 거울 앞에 앉아있는 것처럼 뒤가 환하게 된 지는 한 달도 넘었다. 그 말을 들은 후부터는 코앞에서 어른거리던 헛것들은 사라지고 거울 같은 빛만 가득 차서 맑고 밝은 마음으로 집중이 제대로 되었다.

다음날 오전 명상홀에서 수행을 마치고 내려오는데 목원스님이 기다리고 있었던 듯 인터뷰실 앞에서 나를 불러 세웠다. 그를 따라 영어로 인터뷰를 해주는 고위다 스님 앞으로 갔다. 삼배를 하고 나를 소개한 후, 지금 빛이 뜨는 상태를 보고했다.

"빛이 얼마나 오래 지속되나?"

"명상홀에 앉아있는 시간 동안 계속됩니다."

"심장에 바왕가를 체크해봐라. 한 시간 두 시간 정진하였을 때 한 번씩 잠시 보도록 해라."

심장 속에 있는 바왕가를 마음의 문이라고 한다. 정진이 잘 되었을 때 바왕가를 보면 빠띠바가 니밋따와 같이 밝고 빛나는 것을 알 수 있다. 보는 마음을 심장으로 내려서 빠띠바가 니밋따를 거울처럼 비치고 있는 바왕가를 거듭 식별해 보고 다음 인터뷰 시간에 이 내용을 보고했다. 바왕가 체크가 잘 되는 것을 확인한 고위다 스님은 선정요소를 식별하라고 했다.

"먼저 섹션별로 식별해라. 일으킨 마음과 머무는 마음을 하나로 하고, 희열과 즐거움을 함께 하나로 하며, 집중을 하나로 해서 식별해라. 세 가지로 구분해서 확실히 식별되면 다섯 가지 요소로 나누어 식별하도록 해라."

선정에 들어있는 시간을 한 시간, 두 시간, 세 시간으로 늘리고, 선정에서 나올 때 니밋따를 바왕가와 함께 보면서 가슴에 일어나는 파동에서 선정요소를 식별했다. 세 가지로 구분해서도 식별했고, 다섯 가지 요소로도 식별했으며, 동시에 식별할 수도 있었다.

이런 숙달 정도를 점검한 고위다 스님은 다음 과제를 주었다.

"선정의 자유자재함 다섯 가지를 숙달해라. 선정에 입정, 머무름, 출정, 전향, 반조의 자유자재함이다."

원할 때는 언제든지 선정에 들어가고, 선정에 머물고 싶은 시간을 결심하면 그 결심한 시간 동안 머물러야 하고, 선정에서 나오기로 한 시간에 오 분 오차 내로 나와야 했다. 그리고 전향과 반조는 선정의 요소에 주의를 기울이고 알아차리는 것이었다. 세 시간씩 선정에 머물기로 결심하고 훈련했는데, 사흘 하니까 삼 분 내로 출정 시간을 맞출 수 있었다. 그래도 하루 더 연습해 보고 자신 있게 숙달 정도를 보고했다. 다 듣고 난 고위다 스님은 무표정한 상태로 조용히 말했다.

"초선정 숙달이 부족한 상태에서 이선정에 들어가려 하면 초선정도 잃고 이선정도 안 된다. 더 숙달하고 오너라."

"선정요소가 식별되면 장애요소가 제거됩니까?"

"다섯 장애요소가 제거되어서 선정의 다섯 요소가 되었다."

경전과 청정도론 등에서 선정에 들기 위해 닦아야 한다고 강조하는 것들 중에 의문 나는 것을 질문했다.

"다섯 가지 조절기능(오근 五根)과 일곱 가지 깨달음의 요소(칠각지 七覺支)의 균형은 언제 어떻게 맞춥니까?"

"그것들도 되어서 선정이 되었다."

돌아와서 지금까지 했던 수행을 다시 복습했다. 선정의 다섯 요소 식별과 입출정의 자유자재 함이 안심할 정도로 익숙해졌다. 선정에서 나와 반조를 하고 마음의 변화과정을 관찰해 보았다. 선정에 들면 다섯 가지 장애요소(감각적 욕망, 성냄, 의심, 들뜸과 후회, 해태와 혼침)가 제거되는 것이 아니고, 먼저 다섯 가지 장애요소가 제거되어서 다섯 가지 선정요소들이 그 대신 생겨난 것을 알 수 있었다. 다섯 가지 장애요소가 억제되었던 것은 마음에 모든 상을 버리고 출리와 절박함의 한계상황을 넘어서면서 된 것 같았다. 아무 생각도 일으키지 않고 호흡에 마음챙겨 머무는 동안 다섯 가지 조절기능과 일곱 가지 깨달음의 요소들에 균형이 이루어졌던 것을 알 수 있었다. 수행으로 일어난 현상을 은유로 묘사하고 그 과정을 설명한 것이 교학이구나 하는 생각이 들었다. 문헌을 보고 공부해서는 실제 수행에 효과를 얻을 수 없겠다는 생각이 들었다. 그 이후 문헌에서 본 내용에 대해서는 더 묻지 않았다. 그런 것을 물을 필요가 없었고, 수행 현장에서는 그럴 여유도 없었다.

이틀 뒤 인터뷰를 하면서 더 숙달한 상태를 보고했다. 보고가 끝나자 고위다 스님은 기다렸다는 듯 큰소리로 말했다.

"세컨 자나(이선정)!"

(2) 이선정

초선정이 통과되었다. 초선정을 마치고 이선정으로 넘어왔다. 이제야 한 단계 올랐다. 더 바랄 것 없이 만족했다. 그 어떤 일을 해냈을 때보다 기뻤다. 믿을 수 없을 정도로 감격스러웠다.

고위다 스님은 이선정을 얻는 방법을 길게 설명해주었다.

"초선정에 들어가서 삼십 분 정도 있다가 나와 선정 다섯 요소를 식별한다. 초선정은 일으킨 마음과 머무는 마음이 있어서 거칠고 이선정은 이 두 가지 요소가 없어서 고요하다고 반조한다. 일으킨 마음과 머무는 마음이 없고 희열·즐거움·집중만 있는 이선정을 원하며 초선정에 들어간다. 초선정에서 나와 선정요소를 식별하면 일으킨 마음과 머무는 마음은 더 거칠어 보이고 이선정은 고요해 보일 것이다. 이선정에 들어갈 것을 결심하고 다시 빠띠바가 니밋따에 집중하면 이선정에 들어간다. 한 시간 이선정에 들었다 출정하며 이선정의 삼요소인 희열·즐거움·집중을 바왕가와 같이 보며 식별한다. 그리고 이선정의 다섯 가지 자유자재함을 숙달해라."

실습 방법을 설명으로 하니까 길지만 실제로 해보니 마음이 찰라 간에 움직이므로 그렇게 복잡하지 않았다. 표상을 바꾸려고 마음을 일으키고 머물려고 애쓰지 않아도 결심에 따라 저절로 이선정으로 정신과정이 일어났다.

이선정은 마치 바다를 처음 마주했을 때처럼 니밋따가 무한하고 충만하여 딴 세상에 온 것 같았다. 강한 희열과 즐거움에 취해 긴 시간 집중할 수 있었다. 나흘 동안 이선정의 선정요소 식별과 자유자재요소까지 숙달하고 인터뷰를 하러 가서 잘 된다고 보고했더니, 하루 더 하고 내일 오라고 했다. 다음 단계로 넘겨주기 전에 한 번 더 다지고 점검하려는 세심한 배려인 것 같았다. 어쩌면 내가 좀 들떠있었기 때문일 수도 있었다.

다음날 다시 고위다 스님을 찾아가서 조심스럽게 보고했다.

"이선정 숙달했습니다."

보고를 하자 바로 삼선정에 드는 법을 설명해 주었다.

(3) 삼선정

"초선정에서 오 분 머물다 이선정에 든다. 이선정에서 삼십 분 머문 뒤 선정요소를 반조한다. 이선정의 희열은 거칠고 삼선정은 고요하다고 생각한다. 이제 그 거친 요소는 원하지 않고 고요한 요소만을 원하면서 이선정에 들어간다. 이선정에서 나와 선정요소들을 반조해보면 희열의 요소는 거칠어 보이고 삼선정의 요소는 고요해 보일 것이다. 삼선정에 들어갈 것을 결심하고 다시 빠띠바가 니밋따에 집중하면 삼선정에 들어간다. 한 시간 삼선정에 들었다 출정하면서 삼선정의 두 요소인 즐거움과 집중을 식별한다. 그리고 다섯 가지 자유자재함을 숙달해라."

삼선정에 들어갈 때는 따뜻한 보금자리에 들어가 잠이 드는 듯 안온했다. 광명은 흰 눈이 대지를 덮은 날 아침 해가 눈부시게 비치는 눈밭을 보는 것 같았다. 신들린 듯 이틀간 연습을 했더니 선정요소 식별과 다섯 가지 자유자재함도 숙달되었다. 인터뷰는 좀 미루기로 했다. 이선정으로 넘겨줄 때도 그랬듯이 닷새는 걸려야 다음 선정으로 넘겨줄 것이라는 생각이 들었다. 사흘을 더 연습하기로 했다. 삼선정에 들어서 세 시간씩 머물면서 실습을 했다.

닷새 만에 인터뷰를 해서 삼선정 실습 결과를 보고했다. 고위다 스님은 바로 사선정에 드는 요령을 설명해 주었다.

(4) 사선정

"입정 시 초선정 오 분, 이선정 오 분, 삼선정 삼십 분 하고 선정요소를 반조한다. 삼선정의 즐거움 요소는 거칠고 사선정은 고요하다고 생각한다. 즐거움이 없는 사선정을 원하며 삼선정에 들어간다. 삼선정에서 나와 선정요소를 반조해 보면 즐거움 요소는 거칠어 보이고 사선정의 요소는 평화로워 보일 것이다. 사선정에 들 것을 결심하고 빠띠바가 니밋따에 집중하면 사선정에 든다. 한 시간 머물다 출정하면서 사선정 요소인 평온과 집중을 바왕가와 같이 보며 식별한다. 그리고 다섯 가지 자유자재함을 숙달해라."

드디어 사선정에 도달했다. 사선정에 들어가 보니 빛이 가을 하늘처럼 맑고 밝고 컸다. 마치 맑은 날 지리산 천왕봉 위에 앉아있는 것 같이 시원했다. 장엄하고 숭고하고 청량했다. 바로 내가 기대하던 것을 만난 것처럼 반가웠다. 감동과 보람을 느끼며 감사한 마음이 일어났다. 도움을 준 인연들이 떠올랐다. 내가 살아오면서 겪은 모든 고난의 결과처럼 생각되어 실패와 고통을 주었던 사람들도 고마웠다. 하늘과 땅, 숲과 강에도 감사했다. 이제는 안심이 되었다. 마음이 침착해졌다.

사선정에 세 시간 이상 깊이 들었다 출정하려는데 숨을 쉬지 않고 있는 것을 알고 처음에는 놀랐으나 가만히 살펴보니 정말 편한 상태였다. 콧구멍에서 아무리 찾아봐도 들숨날숨은 없고, 다만 맥박이 뛸 때마다 공기가 물결처럼 인중 위에 찰랑찰랑 부딪쳤다. 그대로 계속 있고 싶었으나 깊은 삼매에서 나오자 풍선에 바람이 빠져나오듯 푸우 하고 공기가 기도를 따라 날숨으로 나와서 귀찮았지만 들숨을 쉬게 되니 호흡이 재개되었다.

닷새 동안 연습을 하고 인터뷰를 했다. 기쁨과 감사의 마음으로 보고했다.

"…오 분 내에 입정하고, 세 시간 머물고, 출정 시간은 오 분 오차 내에 맞추고, 출정 시 평온과 집중 요소가 식별됩니다. 호흡이 두 번 끊어졌습니다."

고위다 스님은 밝은 표정으로 보고를 받고 만족한 듯 시원스럽게 말했다.

"우페까(평온)와 에깍까따(집중)라는 두 마리의 말을 고르게 잘 몰아, 이 말들이 끄는 사선정의 마차를 타고 마음껏 달려라!"

"아마 반떼(예, 스님)!"

고위다 스님이 합장을 하더니 축원해주었다.

"사두 사두 사두(훌륭하다)!"

감격하여 삼배를 올렸다.

2장

다른 명상 주제로
선정을 얻다

1. 몸의 32부분에 대한 명상

아나빠나사띠를 명상주제로 사선정까지 닦고 수행자가 원한다면 위빠사나 명상으로 들어갈 수 있다고 파욱 사야도는 법문에서 말했지만, 파욱명상센터에서 실제 수행을 지도할 때는 사마타 명상을 더 닦도록 요구했다. 그것은 위빠사나 과정을 이수하려면 보다 강한 집중력이 필요하기 때문이라는 것이었다.

그러나 나는 빨리 위빠사나를 해서 도와 과를 얻어 한국으로 돌아가고 싶었다. 나는 여러 가지 명상방법을 배워서 누구를 가르칠 것도 아닌데, 빨리 돌아갈 수 있는 방법으로 하고 싶을 뿐이었다. 다음 과제를 받기 전에 기회를 봐서 건의했다.

"저는 나이도 많고 에너지도 부족합니다. 건강이 좋지 못해 여기서 오래 머물기 어렵습니다. 바로 위빠사나를 하도록 해주십시오."

간청을 했는데도 고위다 스님은 귀담아 듣지 않았다.

"선정을 많이 계발하고 집중력을 강하게 해야 한다."

그러면서 몸의 32부분에 대한 명상과제를 설명했다. 진정어린 나의 건의를 재고의 여지도 없이 무시해 버렸다. 융통성이란 조금도 없어보였다. 그러면서도 교육과정이 그렇다는 것이 아닌가, 정말로 위빠사나에 도움이 되고, 닙바나에 도달하기 위해 반드시 필요한 과정이라면 참고 넘어가야지 어쩔 수 없지 않은가 하고 마음을 달랬다.

여기까지 왔으니, 일단 좀 쉬면서 원기를 회복해보자는 생각이 들었다. 지름길로 가려고 하다가 잘못하면 길을 잃을 수도 있고, 오히려 길이 더 험난할지도 모른다. 가이드가 안내하는 대로 따라가면 목적지에 안전하게 도착할 것이다. 이렇게 마음을 추슬러 보았지만, 마음이 집중력을 한 번 놓아버렸던 탓일까. 32상은 아무리 해보려 해도 머리털 하나도 보이지 않았다.

외국인 남자 수행자 인터뷰를 주로 담당하던 레와따 스님이 신병 치료를 하고 돌아왔다. 아직 건강을 회복하는 중이라서 공식적으로는 인터뷰를 하지 않는다고 했다. 그런데 개별적으로 꾸띠를 찾아가면 지도해 준다고 했다. 한국 수행자들을 특별히 지도해주기로 했다면서 통역 봉사를 해주는 스님이 화, 목, 토요일 열 시에 레와따 스님의 꾸띠로 가면 인터뷰를 할 수 있다고 했다.

나는 기다렸다는 듯이 요일과 시간을 맞춰 레와따 스님의 꾸띠로 찾아갔다. 레와따 스님의 꾸띠는 원두막처럼 2층으로 되어 있었는데, 아래층에서 대기하다가 2층에서 인터뷰를 마치고 한 사람이 내려오면 도착한 순서대로 한 사람씩 계단으로 올라갔다. 내 인터뷰 차례가 되어 조심스럽게 계단을 밟고 올라갔다. 방으로 들어가 침대에 걸터앉아 있는 레와따 스님에게 정중히 삼배의 예를 올리고 간곡하게 말씀드렸다.

"선정에 들도록 많은 도움을 주셔서 감사드립니다. 저는 나이가 많고 몸이 허약합니다. 에너지도 부족하고 재주도 없어서 여러 가지 명상방법을 수행하기가 어렵습니다. 바로 위빠사나 과제를 주셨으면 합니다."

레와따 스님은 내가 말을 끝내기도 전에 멈추라는 신호인 듯 손을 펴 들어 보였다. 그리고 낮은 목소리로 천천히 말했다.

"선정의 집중 정도는 좋은가?"

"예, 제가 원하던 것을 얻은 것 같아 만족합니다."

"32상은 했는가?"

"스님 오시면 보고 드리려고 기다리고 있었습니다."

"그러면 32상을 한 조씩 해봐라."

역시 나의 간청은 들어주지 않았다.

"32상을 하면 위빠사나를 하게 됩니까?"

"그때 봐서 하겠다."

더 이상 말을 못하고 물러나왔다. 내가 영어만 좀 잘할 수 있었으면 위빠사나를 해야만 하는 이유를 명확하게 설명할 수 있었을 텐데, 하며 자책을 했다. 내가 영어로 직접 인터뷰를 하지 않고는 더 이상 수행을 하기가 어렵겠다는 생각도 잠시 들었다. 이럴 줄 알았으면 영어공부를 먼저 하고 올 걸, 하는 후회도 되었다. 그렇다고 지금 우리나라로 돌아가 영어공부를 해서 다시 올 자신도 없었다. 문제는 빨리 하고 싶은 마음이었다. 비자도 일 년 연장되어 있는데, 몸만 잘 간수하면 견뎌볼 수 있다. 조급할 것 없이 느긋하게 적응해 보자는 쪽으로 차츰 마음이 기울어졌다. 아무 의도 없이 느림보로 없는 듯 머물면서 하라는 대로 수용하기로 마음을 정리했다. '늘보'라고 자호를 지어서 스스로 그렇게 부르면서 천천히 하라는 대로 하기로 마음을 정했다.

사선정에 들어가 삼매의 빛이 가장 밝아졌을 때 그 빛을 이용해서 몸의 32부분 중 한 부분씩 식별해야 한다. 먼저 여섯 개조로 나누어서 한 조씩 식별한다. 땅의 요소가 우세한 20부분을 다섯 가지씩 묶어서 네 개조로 하고, 물의 요소가 우세한 12부분은 여섯 가지씩 묶어서 두 개조로 했다.

(1) 땅의 요소가 우세한 부분

1조 : 머리털, 몸 털, 손발톱, 이빨, 살갗

2조 : 살, 힘줄, 뼈, 골수, 콩팥

3조 : 심장, 간, 근막, 비장, 허파

4조 : 창자, 장간 막, 위속의 음식, 똥, 뇌

(2) 물의 요소가 우세한 부분

1조 : 담즙, 가래, 고름, 피, 땀, 체지방

2조 : 눈물, 피부의 기름, 침, 콧물, 관절 액, 오줌

먼저 32부분의 명칭을 암기했다. 몸은 이 32부분의 집합이라고 생각하며 그 부분들을 떠올리며 외웠다. 역순으로도 달달 외울 수 있도록 했다.

다음은 순서대로 한 번에 한 가지씩 식별해야 했다. 사선정의 밝은 빛으로 한 부분씩 보려고 안간 힘을 다해 봤으나 가르침 같이 깨끗한 거울에 얼굴을 비춰보는 것처럼 분명하게 보이지 않았다. 빛이 그 한 부분에 집중되지 못하고 쉽게 흐려져 낡은 흑백사진을 보는 듯했다. 다시 사선정에 들어가 빛을 밝게 해서 재시도해 보았다. 역시 빛은 모아지지 못하고 보려는 부분을 밝게 비춰주지 못했다. 반복해서 시도해 보았으나 식별하려는 부분의 위치와 특징,

모양과 색깔이 분명치 못했다. 일주일 동안 애써 노력했지만 진전되지는 않고 기진맥진한 상태가 되었다. 침상에 누워서도 잠들지 못하고 계속해보고 있었다.

그러던 중 새벽이 다 되었을 때 모든 기운이 사라지더니 깜짝 놀랄 만큼 밝은 빛이 헤드라이트처럼 강하게 집중되어 한 부분을 비치기 시작했다. 마치 큰 돋보기로 빛을 한 곳에 모은 듯했으며, 마음이 가는 곳으로 그 초점이 서서히 따라왔다. 곧 마음과 빛이 함께 움직이는 요령도 터득이 되었다. 머리털을 보려고 했다. 빛과 마음이 하나가 되어 조용히 천천히 움직였다. 머리 옆 부분이 확대되어 시계를 꽉 채웠다. 육안으로 보는 것보다 훨씬 더 선명하고 크게 보였다. 자세히 보니 내 옆얼굴과 머리가 맞았다. 초점을 머리 가운데로 조정하여 머리털을 식별했다. 두피에 박힌 머리털의 모근까지도 보였다. 그 상태를 유지하면서 몸의 털을 보고 손발톱도 보고 이빨을 보았다. 이빨은 입 속에 있어서 어쩌나 하고 잠시 망설이다가 빛의 초점을 앞니에 가져갔다. 문 치에서 빛이 반사되어 흰 이빨이 반짝반짝 빛이 났다. 어금니 쪽으로 돌아가며 이 뿌리까지 식별했다. 살갗과 살, 힘줄 등 계속 식별했다. 장기를 식별하면서는 한 번도 관심을 가져본 일이 없었던 내장들이 꿈틀꿈틀 하면서 기계처럼 제 역할을 묵묵히 하고 있는 것을 보고 고마운 생각이 들었다. 이어서 물 요소에 가까운 부분들도 계속 식별했다. 담즙부터 오줌까지 식별하고, 다시 오줌부터 역관으로 담즙까지 식별했다. 나의 몸은 이 32부분들의 집합체라는 것을 알았다. 순관 역관으로 죽 연달아 32상을 식별해보고 나서 이제야 되었다는 생각이 들었다.

다음날 인터뷰를 하러 갔다.

"32상을 조별로 한 가지씩 식별하고 전체를 순관 역관으로 식별했습니다."

레와따 스님은 기다렸다는 듯이 다음 과제를 주었다.

"안으로 한 번 하고 밖으로도 해라. 명상홀의 앞사람을 식별하고, 옆 사람, 일층, 이층으로 확대해서 식별해라. 그리고 32상을 동시에 식별해라. 위빠사나를 하기 위한 준비이니까 열심히 해라."

32상을 이 정도 했으면 위빠사나로 넘겨주지 않을까 하고 기대하는 마음도 있었는데, 그런 것은 말도 못 꺼내보고 돌아와야 했다. 이 과제를 어떻든 해넘겨야만 위빠사나를 할 수 있을 터이니 해내고 봐야 한다는 생각을 했다.

32상을 밖으로 다른 사람을 식별하는 것은 쉽지가 않았다. 빛이 약해지면 사선정에 들어가 밝게 해야 했다. 사선정에 들어가 쉬는 시간이 점점 길어졌다. 빛은 필요한 만큼 밝게 떴다. 절박할 때는 그만큼 밝았다. 32상을 동시에 보는 것을 해보니, 백정이 소를 보면 각 부위별로 해체된 고깃덩어리로 보여야 능숙하게 된다는 말이 생각났다. 자꾸 연습을 하니까 사람의 겉모습은 보이지 않고 32부분으로만 보였다. 겉모습의 아름다움은 간데없고 혐오감이 느껴졌다. 천사처럼 아름다웠던 여성도 32상으로 식별해 보니 혐오스럽고 역겨웠다.

2. 뼈에 대한 명상

몸의 32부분에 대해 안팎으로 동시에 식별을 성공하고 보고를 마치자 레와따 스님은 다음 과제를 주었다.

"몸에 대한 혐오감 계발을 위해 몸의 32부분, 또는 한 부분을 대상으로 택할 수 있다. 몸의 32부분 중 한 부분인 뼈에 대해 명상한다. 먼저 몸의 32부분을 안으로 밖으로 식별한 다음 몸속의 뼈 전체를 취해서 식별한다. 뼈 전체가 분명해지면 뼈의 혐오스러움이라는 개념을 대상으로 취해서 '혐오스러운 뼈! 혐오스러운 뼈!' 하면서 계속 알아차리면서 집중한다. 뼈의 색깔, 모양, 위치, 경계를 주의 깊게 보면 혐오스러운 성질이 나타날 것이다. 뼈에 대한 혐오감에 집중이 이루어지면, 뼈에 대한 인식에서 벗어나서 혐오감에 대해서만 마음을 집중하여 초선정을 얻는다. 안으로 한 번 하고 밖으로 한 번 반복해서 해라."

몸속에 있는 뼈 전체를 동시에 보기가 쉽지 않았다. 여러 번 반복실습을 하다 보니 몸의 다른 부분은 보이지 않고 흰 뼈만 보였다. 밖으로 보아도 뼈만 보였다. 앞에 있는 사람도 옆에 있는 사람도 뼈만 보였다. 명상홀 안의 사람들을 모두 뼈로만 볼 수 있게 되었다. 다음 인터뷰 때에 혐오감에 집중해서 초선정을 얻고, 안팎으로 뼈만 볼 수 있다고 보고했다. 그러자 바로 다음 과제를 주었다.

"식별 범위를 넓혀 명상홀 밖으로 확대해서 가까운 곳에서 먼 곳으로 열 방향으로 삼매의 빛이 도달하는 곳은 어디든지 오직 뼈만 보일 때까지 식별해라."

다음 과제를 주는 말을 들으면 쉬운 듯 들리지만, 막상 그 과제를 실습하려고 하면 막연할 때가 많았다. 이런 과제를 닦으려면 얼마나 많은 노력과 시간을 들여야 하는지 말로 다 할 수 없다. 수행방법도 설명을 자세히 해주지 않고, 질문을 하면 "자꾸 하면 된다."고만 했다. 그것은 수행자 스스로 방법을 찾으라는 뜻인 줄 차츰 알게 되었다.

열 방향으로 확대하면서 보이는 것은 모두 뼈만 보이도록 식별을 해봤다. 동, 서, 남, 북과 네 간방으로 지구 끝까지 확대하고, 위로는 하늘, 아래로는 땅속까지, 삼매의 빛으로 볼 수 있는 데까지 식별했다. 32상과 뼈 식별을 한 지 한 달이 된 다음날 인터뷰 시간에 보고했다.

"뼈 식별을 숙달했습니다. 명상홀 밖으로 열 방향으로 한국까지도 확대하고, 지구 끝까지 확대했습니다. 인간뿐만 아니라 동물들도 모두 뼈만 보였습니다. 다리가 네 개의 뼈로 된 동물들을 보다가 두 개의 뼈로 된 새들의 다리를 보고 신기한 생각이 들기도 했습니다."

뼈에 대한 명상 결과를 보고받은 레와따 스님은 무표정하였다. 미흡한 점을 찾아서 질문을 하지 않으면 통과되는 것이다. 침묵으로 인정한다. 통상 보고내용에 문제가 없으면 말없이 다음 과제를 주었다.

3. 까시나 명상

(1) 흰색 까시나

다음 과제는 길게 설명했다.

"사선정에 들어가 빛이 밝게 빛날 때 그 빛을 이용해서 안으로 몸의 32상을 관찰한다. 그리고 가장 가까이 있는 사람의 뼈를 식별한다. 그 뼈 중에서 가장 하얀 부분을 택해서 '하얀 색 하얀 색' 하면서 거기에 집중한다. 자신의 뼈에 대해서 할 수도 있으나 가까이 있는 사람의 뼈를 대상으로 하는 것이 쉬울 것이다. 뼈의 흰색을 대상으로 한두 시간 집중할 수 있을 때 그 뼈는 사라지고 흰색 동그라미만 남을 것이다. 이때 흰색 원을 집중하면서 서서히 확장을 해야 한다. 흰색 원을 조금씩 확장하다 원이 불안정하게 될 때는 '하얀 색 하얀 색' 하면서 하얀 색에 집중을 증가해서 안정되게 해야 한다. 흰 원으로 나타난 까시나가 조금씩 확장이 되면 계속해서 열 방향으로 한계 없이 확장해야 한다. 오직 확장된 흰색 까시나가 모든 세상의 모든 물질을 덮게 되고, 계속해서 집중하면 빠띠바가 니밋따가 된다. 그렇게 계속 집중하면 초선정에 들게 된다. 선정요소를 식별하고, 이선정, 삼선정, 사선정으로 나아갈 수 있다."

열심히 받아 적었다. 일단 정확히 적어가지고 돌아와서 그대로 실행을 해봐야 했다. 들으면서 이해를 잘못해도 그냥 돌아와야 했다. 새로운 과제를 주면서 구체적인 수행방법을 알려주는 법이 없었다. 여러 번 시행착오를 겪으면서 스스로 방법을 터득하도록 유도했다. 어느 한 과제도 쉽게 되는 것이 없었다. 수없이 실패를 하면서 할 수 있는 방법은 다해 봐도 가능성이 보이지 않고, 기진맥진하여 마지막에는 자포자기하고 나서야 풀리는 때도 있었다. 전력투구하지 않고는 되는 것이 없었다. 내 전부를 오롯이 쏟아 부어야만 해결의 실마리가 풀렸다.

명상홀 가운데로 자리를 옮겼다. 내 자리는 맨 앞줄에 있었는데, 가까이 있는 사람의 뼈를 더 잘 보기 위해 자리를 옮겨봤다. 앞 사람의 뒤통수를 한참 보다가 눈을 감았다. 앞 사람의 머리뼈를 아무리 주시해도 흰 원이 되지 않았다. 시간이 지날수록 뼈의 흰색도 안정을 찾지 못하게 되었다.

다시 맨 앞줄의 자리로 돌아와서 흰색 까시나 수행을 포기하고 가만히 앉아서 쉬었다. 마음은 쉬고 있었지만 무의식중에는 계속 흰색을 찾아다니고 있었다. 학교 운동장에 가득 찬 여학생들의 하얀 교복, 극장의 흰 스크린, 마른 강바닥의 흰 돌들, 아주 어릴 때 본 흰 벽도 떠올랐다. 흰색의 기억 속으로 떠돌다 무심코 내 머리 뼈를 가만히 봤다. 머리 모양이 흰색으로 보였다가 조금 있으니 흐려졌다. 가슴의 뼈를 봤다. 역시 흰색으로 보였다가는 흐려졌다. 이렇게 머리와 가슴을 교대로 보면서 아무런 기대도 하지 않고 그냥 앉아 있었다.

그렇게 앉아 있던 중 잠시 단잠이 들어 꿈속인 듯, 부엌에서 어머니가 가마솥에 밥을 지어 뚜껑을 여는 모습이 보였다. 동그란 솥에 하얀 밥이 구수한 냄새와 함께 가까이로 다가와서는 흰 밥솥만 남았다. 밥을 먹고 싶은 마음이 순간 일어나면서 흰밥을 들여다보는데, 그 밥이 흰색 까시나가 되어 확장되기 시작했다. 천천히 조금씩 확장해야 한다고 들은 말을 상기하며 확장을 멈추려고 안간힘을 다 써보았으나 제어할 수가 없었다. 미얀마를 넘어 중국을 지나고 한국으로 치달았다. 어디서도 잡지 못하고 확장되는 것을 그냥 보고 있을 수밖에 없었다. 순식간에 지구 끝까지 뒤덮었고, 하늘 끝까지도 흰색으로 덮고 말았다. 전체에 두루 퍼져 있다는 까시나(kasina)의 말뜻과 같이 되었다.

여기저기 둘러봐도 모두가 흰색뿐이었다. 빛도 밝고 안정되었다. 바왕가 체크를 해보니 초선정의 다섯 요소가 식별되었다. 이어서 아나빠나사띠 사선정의 정신과정과 같이 이선정, 삼선정, 사선정으로 차츰 올라가면서 실습을 했다. 사선정은 눈 덮인 히말라야 산속에 있는 것 같이 시원하고 깨끗했다. 방선 종이 울려도 나오고 싶지가 않았다.

명상홀 청소를 하는데도 그대로 앉아 있었다. 까시나를 성공한 만족감에 취해 있었다. 청소도 끝나고 다시 조용해졌다. 그렇게 좀 더 앉아 있다가 까시나로부터 나올 때 흰색을 제거하고 공무변처에 들어가지는지 해보고 싶어졌다. 법문에서 들은 대로 마음을 정하고 주시했더니, 조금 지나자 놀랍게도 위에서부터 틈이 벌어지면서 하늘이 보이기 시작하더니 흰색이 아래로 내려가 사라져 버리고 텅 빈 공간만 남았다. 내친김에 위의 선정을 얻는 방법으로 식무변처도 해보고 무소유처와 비상비비상처도 예습해보았다.

이렇게 흰색 까시나를 성공하고 레와따 스님에게 신이 나서 보고했다. 스님도 놀라워했으나 다 듣고 나서는 못마땅한 표정으로 바뀌면서 말했다.

"하라는 것만 해야지 그렇게 하면 안 된다. 한 가지씩 순서대로 해야 한다. 흰색 까시나에 들어서 초선정 세 시간, 이선정 세 시간, 삼선정 세 시간, 사선정 세 시간 머물러 봐라. 선정에 들어 오래 머무는 것이 중요하다."

밝고 깨끗한 흰색 까시나에 오래 들어 있는 것은 시간 가는 줄 모르도록 좋았다. 흰색 까시나를 마치고 나니 선정 계발은 충분한 것 같아서 위빠사나 수행을 하도록 해달라고 말했다. 그러나 레와따 스님은 위빠사나를 하는데 도움이 되고 다 연결된 과제이니까 계속 하라는 대로 하는 것이 좋겠다고 했다.

그 이후 무색계 선정과 자애명상을 수행하고, 사대명상으로 물질을 보고 정신을 식별하는 중에 파욱 사야도가 돌아오셨다. 다음 달부터 여섯 달 동안 집중수행을 한다는 계획을 세우고 사야도로부터 직접 지도받을 대상자를 선정해서 명부를 만들었다. 모두 30개국에서 온 천여 명이나 되는 수행자 가운데 사야도로부터 직접 지도받을 수 있는 인원을 백오십 명으로 제한하는데, 정신과 물질 식별 이상 수행을 하는 사람들을 대상으로 한다고 했다. 다행스럽게도 레와따 스님의 추천으로 통역 봉사를 해주는 스님과 나도 거기에 포함되었다. 레와따 스님이 정말 고마웠다. 파욱 사야도로부터 직접 여섯 달 동안 배워 과정을 모두 마칠 수 있게 되었으니, 이렇게 좋을 수가 있나! 이 기회에 꼭 과정을 마쳐야겠다고 마음먹었다. 레와따 스님과 마지막 인터뷰를 하면서 진심으로 감사하다는 말을 했다.

"지난 일 년 동안 지도해 주신 데 대해 깊이 감사드립니다. 이 어리석은 사람에게 많은 배려를 해주셔서 더욱 감사합니다. 쩨주띤 바데(감사합니다)."

고마운 마음이 넘쳐 감사하다는 미얀마 말까지 했다. 레와따 스님은 한마디 당부의 말을 해주었다.

"사야도께서 처음부터 하라고 하시면 그렇게 해라."

처음부터 다시 시작하면 시간이 많이 걸릴 것 같은데, 그렇게 하면 여섯 달

안에 과정을 마치기 어렵지 않을까 하는 염려가 되었지만, 내가 사야도한테 가서도 위빠사나를 빨리 하고 싶다는 말을 할까봐, '사야도께는 그런 말은 하지 말고 사야도께서 하라는 대로 해라.'고 당부하는 것으로 알아들었다.

　파욱 사야도는 명상홀 옆에 있는 큰 꾸띠에 머물면서 그곳에서 인터뷰를 했다. 인터뷰를 하기 위해서는 꾸띠 입구에서 발을 씻고 가사를 고쳐 입고 차례를 기다려야 했다. 사야도는 보리수나무 그늘이 진 베란다 맨 안쪽에 나지막한 의자에 앉아있었다.

　순서를 기다린 끝에 내 차례가 되어 사야도 앞으로 다가가서 삼배를 하고 꿇어앉았다. 통역이 나를 간단히 소개해주었다. 사야도는 나를 기억하지 못하는 듯했다. 나를 기억 못할 리가 없을 텐데, 아마 내가 머리를 깎고 가사를 입어서 그럴 것이라는 생각이 들었다. 사야도 앞으로 한 걸음 다가가 무릎을 꿇고 앉아 말했다.

　"재작년 11월 한국에서 한 달간 사야도의 지도를 받았습니다. 그때 파욱 가서 계속 수행하고 싶다고 제가 사야도께 말씀드렸습니다. 사야도께서 '웰컴' 하시며 손을 머리 위에 올리셨습니다. 손을 내리시지 않으셔서 할 수 없이 머리를 깎겠다고 말씀드렸습니다. 그리고 바로 그 다음 달 여기로 와서 머리를 깎고 지금까지 수행하며 사야도 뵙기를 기다렸습니다."

　이제야 사야도도 기억이 나는 듯 나를 쳐다보았다.

　"여섯 달 동안 열심히 배우겠습니다."

　결의에 차서 단호하게 말했다.

　"수행 잘 되나?"

　"예!"

"뭐하고 있나?"

"정신 식별하고 있습니다."

"오! 잘하고 있구나!"

사야도는 내 머리를 손으로 세 번 쓰다듬어 주셨다. 두툼한 사야도의 손바닥이 내 정수리를 꾹 꾹 꾹 누르는데 가슴이 울먹여졌다.

"사두 사두 사두."

합장을 하고 삼배를 올리니 과제를 주셨다.

"초선정, 이선정, 삼선정, 사선정 세 시간씩 해라."

사야도는 처음부터 시작하셨다. 과제를 주는 대로 무조건 해내었다. 지난한 해 동안 수행한 것을 복습하며 점검받았다.

(2) 푸른색 까시나

파욱 사야도는 엄지손가락 한 마디를 인지로 짚으면서 과제를 설명해 주셨다.

"사선정에 들어 빛이 밝을 때 그 빛을 이용해서, 오른쪽 가슴 밑에서 담즙을 찾아 그 색깔을 취하여 검은색 까시나를 해라. 검은색 까시나 초선정 세 시간, 이선정 세 시간, 삼선정 세 시간, 사선정 세 시간씩 해라. 안으로 밖으로 하고, 경행하면서도 해라."

사야도는 푸른색 까시나를 검은색 까시나라고 하셨다. 실습을 하면서 담즙을 보니 진한 푸른색과 초록색도 띠지만 검은색에 가까웠다. 그래서 사야도가 검은색이라고 하는 것 같았다. 담즙의 색깔이 까시나가 되니 마치 똥파리의 등처럼 검푸른 빛이 났다. 확장하고 집중하여 초선정부터 사선정까지 각 선정마다 세 시간씩 머물렀다. 밖으로 머리카락이나 검은 바위를 떠올려서 까시나를 만들어 보았다. 집중이 잘 되면 검푸른 빛이 나는 까시나가 되었다.

선정에 든 상태로 경행을 하는 연습을 거듭해보았지만 눈을 감으면 되어도 눈을 뜨면 안 되었다. 밤에 깜깜한 곳에서는 눈을 떠도 되었다. 이런 수행결과를 사야도에게 보고했다. 그러나 사야도는 구체적으로 요령이나 비법을 알려주지 않고, 언제나 한 가지, '노력하면 된다.'는 방법만 가르쳐 주었다. 선정에 든 상태로 걷는 것이 안 되어 애태우는 나를 위해 애정 어린 한 말씀을 더 해주셨다.

"선정에 든 상태로 행주좌와 할 수 있도록 계속해라. 자꾸 하면 된다."

(3) 노란색 까시나

"방광의 오줌 색을 취해 노란색 까시나를 해라. 초선정, 이선정, 삼선정, 사선정 각각 세 시간씩 해라. 안으로 밖으로 하고, 경행하면서도 해라."

노란색에 집중이 강해지면 주황색이 되었다. 도로표지판의 바탕색이나 중앙선의 짙은 노란색과 같이 되었다. 새색시의 노랑저고리나 민들레꽃을 떠올려도 까시나가 되었다. 노란색 까시나의 가장 좋은 표상은 금불상이었다. 금불상을 보면 금빛 까시나가 밝게 되고 선정요소가 강하게 바로 일어났다. 경행을 하면서 초선정 상태를 유지하는 연습을 했으나, 눈을 뜨고 움직일 때는 역시 되지 않았다.

(4) 붉은색 까시나

"심장의 피에서 붉은색을 취하는데, 자기 것을 하면 자극을 받고 들뜨는 경향이 있으니까 밖으로 다른 사람의 피를 보고 붉은색 까시나를 해라. 했던 까시나도 조금씩 해보아라. 다른 까시나로 전환이 되도록 해라. 각 선정 세 시간씩 해라."

붉은색에 집중이 강해지면 모란꽃처럼 색이 짙어졌다. 붉은 깃발을 떠올리거나 붉은 꽃의 색깔을 취해 확장하면 까시나가 되었다. 사람의 피를 보고 해보니까 혐오스러움이 일어나서 그만두고 주로 붉은 깃발의 색을 취해서 까시나로 했다.

이미 얻은 선정을 복습하고 새로운 과제를 실습했다. 호흡관찰로 사선정에 삼십 분 이상 들었다가 몸의 한 부분의 색깔을 택해 까시나로 선정을 얻은 다음 다른 까시나로 전환해서 각 선정들을 해보았다.

(5) 땅 까시나

"깨끗한 흙으로 원반을 만들어라. 다른 수행자들이 만들어 놓은 것들이 있으면 그것을 사용해도 된다. 땅을 직경 삼십 센티미터 되게 둥글게 파도 된다. 둥근 땅 까시나에 집중해서 니밋따가 되도록 하고 각 선정을 세 시간씩 해라. 경행하면서도 선정에 들도록 해라."

내가 어릴 때 우리 집은 인삼을 재배했다. 인삼은 황토밭을 일구어서 심었다. 넓은 밭의 황토를 갈아놓은 것을 떠올리면 까시나가 되었다. 몇 번 연습을 하자 선정을 얻을 수 있었다. 네 가지 선정을 세 시간씩 하고는 경행하면서 선정에 드는 연습을 했다.

어두워질 무렵 식당의 탁발 장소인 긴 회랑을 걸으면서 눈을 반쯤 뜨고 니밋따를 윗눈시울 속에서 일부 보면서 걸었다. 초선정이 되었다. 좀 더 연습을 하니 이선정이 되고 삼선정도 되었다. 다음날도 연습을 해서 사선정까지 할 수 있게 되었다. 조금 걷다가 서서 바왕가 체크를 해보고, 다른 선정으로 전환을 하는 연습도 했다.

탁발을 할 때 발우를 들고 줄을 맞추어 서서 기다리는 동안 사선정에 들었다. 눈을 조금 뜨고서 아래로만 보면서 회랑을 걸었다. 배식을 하는 사람의 손만 보였다. 공양하는 이들의 얼굴은 보지 않고 보시물을 받으면서 그들의 소원이 이루어지기를 바라는 일념으로 경행하며 돌아왔다. 사선정의 상태는 그대로 유지되었다. 이 성공을 사야도에게 보고했다. 그리고 한마디 덧붙였다.

"지금도 사선정이 유지되고 있습니다."

"물 까시나도 그렇게 해라."

(6) 물 까시나

"깨끗한 양동이에 순수한 물을 담아놓고 가만히 본 다음 물의 개념에 집중하여 까시나를 띄우고, 땅 까시나에서 한 것처럼 해라."

어릴 때 놀던 냇물의 물웅덩이를 떠올리니 까시나가 되어서 양동이의 물을 이용하지 않아도 되었다. 웅덩이를 확장하여 집중하면 동해의 푸른 파도를 뚫고 수평선 속으로 들어가 한없이 큰 물 까시나 세계에서 초선정부터 사선정에 이르렀다.

(7) 불 까시나

"불을 볼 때 연기나 불타는 나무는 보지 말고 불꽃만 봐라. 까시나를 열 방향으로 확장해서 우주에 가득 채우고 각 선정을 해라."

어릴 때 나는 소죽을 끓였다. 어른들은 들에서 일하고 소를 먹이는 꼴을 베어다 죽을 끓이는 일을 내가 했는데, 가마솥 아궁이에 불을 때면서 불길을 보던 기억들을 생생하게 떠올렸다. 그 아궁이의 불꽃 속을 들여다보고 있으면 까시나가 되었다. 붉은 아궁이 불 까시나를 우주까지 확장하고 선정을 얻을 수 있었다.

(8) 바람 까시나

"아나빠나사띠 사선정에서 나오면서 나무가 흔들리는 바람, 또는 볼을 스치는 바람에 집중하여 표상을 만들어 우주까지 확장해서 각 선정 세 시간씩 해라."

창밖으로 바람에 흔들리는 나무들을 보면서 해보고, 선풍기 바람을 쏘이면서 해봐도 까시나가 잘 되지 않아서 바람이 거세게 불었던 것을 기억 속에서 찾아내어 떠올렸다. 내가 열 살이던 해 추석날 사라호 태풍이 불었을 때, 우리 집 앞의 감나무 가지를 부러뜨리던 바람을 떠올렸다. 온 세상이 바람에 휩쓸려 날아가거나 무너지던 그 바람을 떠올리니 집중이 강하게 되어 바람소리가 잦아들면서 까시나가 되었다. 저절로 확장이 되었고, 이어서 맑고 고요한 선정 상태로 되었다. 기억 속에서 까시나의 대상을 떠올리는 것은 절실히 체험되어 깊이 각인되어있던 것일수록 잘 되었다.

(9) 빛 까시나

"오늘 밤에는 지금까지 한 까시나를 오 분씩 복습해봐라. 미숙한 것은 삼십 분도 해봐라. 내일 아침 해 뜰 때 나뭇잎 사이로 비치는 햇빛을 보았다가 빛 까시나를 만들어라. 확장하고 각 선정 세 시간씩 해라."

아침햇살이 동쪽으로 난 창문을 통해 들어와서 침상에 동그란 모양으로 비추었다. 이 빛을 보다가 눈을 감고 집중했다. 빛줄기가 벽으로 옮겨가면 그곳을 응시한 후에 다시 집중했다. 햇살이 창문을 지나간 후에야 까시나를 얻을 수 있었고, 확장하여 선정을 얻었다.

그리고 어제 저녁부터 아침햇살이 비칠 때까지 했던 까시나를 복습해보았다. 이미 한 까시나를 사선정까지 해보고 또 다른 까시나로 전향했을 때 새로운 까시나도 바로 사선정으로 되었다. 사선정에서 삼선정 이선정을 거쳐서 초선정까지 내려와서 다른 까시나로 전향을 하면 계속 선정 상태를 이어갈 수 있을 것이다. 지금은 사선정에서 출정해서 다른 까시나를 초선정부터 해야 되는 불편함이 있었다. 그래서 인터뷰 때 사야도에게 질문을 했다.

"사선정에서 삼선정 이선정 초선정으로 내려오면서 전향하는 방법이 있으면 가르쳐 주십시오."

"자꾸 해보면 된다."

그렇게 할 수 있다는 말씀이다.

(10) 허공 까시나

"바람구멍으로 허공을 보며 허공 까시나를 해라. 확장하고 각 선정 세 시간씩 해라."

내 꾸띠는 큰 나무들이 우거진 숲 속에 있었다. 창밖을 내다보면 후박나무의 큰 잎들이 하늘을 거의 막고 있었다. 그 잎사귀들 사이로 허공이 손바닥만큼 보이는 것을 찾아서 응시하고 집중했다. 허공의 표상은 동그랗게 되어 확장되었다. 무한한 허공 속에서 네 가지 선정을 세 시간씩 닦았다. 행선을 하다가도 허공을 보면서 선정에 들 수도 있었다.

까시나 열 가지가 어떤 것을 대상으로 하든 자신 있게 되는 상태를 인터뷰 때 말씀드렸다. 사야도는 보고를 받고나서 탁자 위 화분의 활짝 핀 꽃들을 가리키며 말씀하셨다.

"꽃을 봐도 까시나가 되나?"

"예, 꽃 색깔마다 다 됩니다. 손수건을 봐도 되고, 가사를 봐도 되고, 벽을 봐도, 어떤 것을 봐도 다 됩니다."

명부에서 내 이름을 확인하셨다.

"공무변처해라."

4. 무색계 선정

(1) 공무변처

"흰색 까시나 사선정에 들었다가 나온 후 색계 사선정의 단점을 숙고한다. 사선정은 거친 물질을 극복했지만 여전히 물질에 기초하고 있다. 물질로 이루어진 육체를 가지고 있기 때문에 여러 고통을 당하고 있으므로 그 물질에서 벗어난다면 고통으로부터 벗어날 수 있다는 것을 지혜로써 숙고해야 한다. 색계 사선정은 즐거움이라는 선정요소를 가진 삼선정과 근접해 있어 거칠다고 성찰하고, 거기서 멀어지려는 마음을 먹고서, 무색계의 선정이 더 평화스럽다고 생각한다. 그 다음 흰색 까시나에서 얻은 니밋따를 무한히 또는 원하는 만큼 확장한 다음 '무한한 공간, 무한한 공간' 하면서 공간을 식별하고 거기에 집중한다. 까시나 니밋따는 사라지고 무한한 공간으로 바뀌게 된다. 무한한 공간 니밋따에 집중해서 선정을 얻고, 다섯 가지 자유자재함을 숙달해라. 선정요소는 사선정과 같이 평온과 집중이다. 공무변처 세 시간씩 세 번 해라."

흰색 까시나 사선정에서 공무변처로 넘어가기는 의외로 쉬웠다. 거친 물질이 있는 색계를 버리고 평화스러운 무색계를 원하는 마음을 먹으면서 '무한한 공간, 무한한 공간' 하면 바로 까시나 니밋따가 사라지고 무한한 공간이 남았다. 무한한 공간 니밋따에 집중하여 선정요소 우뻬까(평온)와 에깍까다(집중)를 식별할 수 있었다. 입정하여 세 시간씩 머문 뒤 출정시간도 오 분 내로 맞춰졌다. 비교적 쉽게 과제를 해결하고 결과 보고를 했다.

"공무변처 세 시간씩 세 번 했습니다."

"공무변처 허공에 정확히 머물렀나?"

"예, 맑은 하늘과 같았습니다."

"흰색 까시나 사선정에 얼마나 머물렀나?"

"십 분 또는 이십 분 머물렀습니다."

"흰색 까시나에 머무는 시간을 더 줄여라."

(2) 식무변처

"공무변처에 들어 십 분 또는 이십 분 머문 뒤, 공무변처의 단점을 생각한다. 공무변처는 색계 사선정에 근접해 있고 식무변처보다 평화스럽지 못하다. 공무변처로부터 벗어나야겠다고 생각하며 식무변처의 평화스러움을 숙고한다. 무한한 공간을 대상으로 가졌던 의식에 집중하고서 '무한한 의식, 무한한 의식' 하면서 주시한다. 선정에 도달할 때까지 무한한 의식 니밋따에 계속 집중한다. 선정을 얻으면 평온과 집중요소를 식별하고, 다섯 가지 자유자재함을 숙달해라. 세 시간씩 세 번 해라."

공무변처에서 식무변처로 전향하는 것은 의도만 하면 바로 선정 정신과정이 일어나서 바뀌었다. 흰색 까시나 니밋따를 확장하고 흰색을 진하게 했다가 제거하는 시간을 줄이고, 공무변처에 머무는 시간도 이십 분에서 십 분 가까이로 줄여갔다.

이 결과를 보고했더니 사야도는 쉬운 질문을 하나 하셨다.

"아나빠나사띠 사선정부터 지금까지 한 선정 중에서 어느 것이 제일 좋더냐?"

"새로 하는 것이 제일 좋습니다."

"새로운 것을 좋아하는구나."

"아나빠나 사선정 할 때는 그것이 좋았고, 백색 까시나 사선정 할 때는 또 그것이 좋았고, 무색계 선정을 하니 이것이 제일 좋습니다."

"무소유처해라."

(3) 무소유처

"공무변처, 식무변처에 십 분씩 머문 뒤, 식무변처의 단점을 생각해야 한다. 식무변처는 거친 공무변처에 근접해 있고 무소유처보다 평화스럽지 않다고 생각한다. 식무변처의 단점을 생각하며 거기서 멀어져야겠다고 생각하면서 무소유처의 평화스러운 성질을 생각한다. 그러고 나서 공무변처 의식의 부재를 대상으로 '장소가 없음, 장소가 없음' 하면서 주시한다. 선정을 얻을 때까지 그 니밋따에 계속 집중한다. 선정요소 평온과 집중을 식별하고, 다섯 가지 자유자재함을 숙달해야 한다."

세 시간씩 세 번 하라는 말씀을 하지 않아서 슬쩍 물어보았다.

"세 시간?"

"네 시간 해도 좋다."

시간과 횟수에는 구애받지 않고 실습을 하고 있는 것을 짐작하고 말씀하는 것 같은 느낌이 들었다. 내친김에 한마디 더했다.

"하루 종일 니밋따가 떠 있습니다."

"굿~"

굿(Good) 소리가 길면 길수록 잘했다는 뜻으로 알아들었다. 그 굿 소리에 성조가 있으면 사야도의 기분 또한 굿인 것을 알 수 있었다. 이것 외에 사야도는 칭찬하는 표현을 하는 일이 거의 없었다. 한 과제를 숙달해서 보고했을 때 아무 말씀 없이 다음 과제를 주면 그 관문이 통과되는 것이었다.

무소유처 실습을 하면서 식무변처를 대상으로 하지 않고 공무변처 의식이 일어났다가 사라지는 순간을 대상으로 해서 한계가 없이 고요한 무소유처에 들 수 있었다. 예상했던 대로 결과 보고를 했을 때 이 점을 확인하셨다.

"무소유처 세 시간씩 세 번 했습니다."

"대상을 무엇으로 했나?"

"일어났다 사라지는 순간의 공무변처의식을 대상으로 했습니다."

"비상비비상처해라."

(4) 비상비비상처

"공무변처, 식무변처, 무소유처에 각각 십 분씩 머문 후, 무소유처의 단점을 생각한다. 무소유처는 거친 식무변처에 근접해 있고 비상비비상처보다 평화스럽지 못하다고 생각한다. 비상비비상처는 평화스럽고 장엄하고 숭고하다고 장점을 숙고한다. '평화스러움, 장엄함, 숭고함' 하면서 무소유처 의식에 집중해야 한다. 선정에 도달할 때까지 그 니밋따에 계속 집중해라. 선정요소 평온과 집중을 식별하고 다섯 가지 자유자재함을 숙달해라. 세 시간씩 세 번 해라."

비상비비상처는 미세하고 고요해서 평화스러우며 하늘같이 크나큰 니밋따는 비색으로 장엄한 듯 숭고한 선정상태를 이루었다. 이 선정에 들어있으면 출정하고 싶은 마음이 일어나지 않았다. 사흘 동안 황홀경에 빠져 실습을 하고 결과를 보고했다.

"비상비비상처의 장점은 무엇을 숙고했나?"

"평화스러움을 했습니다."

"평화스러움만 했나. 한 번 더 해라."

삼배를 하고 물러나야 했다. '장엄하고 숭고함'을 답변하지 못했기 때문인 줄 알면서도 더 말하지 못했다. 더 확실하게 숙달시키려고 결정을 이미 내렸다는 것이 간파되었기 때문에 그대로 시행하는 것이 맞겠다는 생각을 했다. 안 그래도 비상비비상처는 더 오래 머물러 실습하고 싶었다. 맑고 넓은 하늘이 파스텔을 칠한 듯, 엷은 노을이 물든 듯 장엄하고 숭고한 니밋따를 더 다듬을 수 있도록 기회를 준 것을 감사하게 생각했다.

다음날 인터뷰를 하면서 침착하게 비상비비상처의 장점들을 잘 숙고하여 실습을 했고, 선정 중에 비상비비상처가 가장 좋다고 말했다. 사야도는 양구하고 다음 과제를 주셨다.

"나머지 까시나도 모두 비상비비상처까지 해라. 허공이 물질이 아니니까 허공 까시나는 제외하고 아홉 가지 까시나를 하면 된다. 한 번 좌선에 공무변처, 식무변처, 무소유처는 이삼 분씩 하고 나머지는 비상비비상처에 있어라."

이 과제는 선정에 대한 종합실습이었다. 까시나를 하려면 아나빠나사띠 사선정으로 빛을 밝게 해야 되므로 아나빠나 사선정에 들었다 나와서 까시나 사선정에 들어가고, 그 까시나 사선정에서 물질을 제거해서 공무변처를 얻어야 하므로 결국 지금까지 배운 선정을 모두 연결해서 실습해야 했다. 지금까지 배운 모든 선정을 계단식으로 연결해서 결국 선정의 최고봉인 비상비비상처에 오르도록 했다. 여기서 배우는 과제들은 모두 연관성이 있다. 짜여진 순서대로 따라 배우면 최종 목적지에 도달하게 될 것이다.

이제는 수행을 마치고 다시 돌아간다는 생각을 하지 않고, 한 과제도 소홀함 없이 순서대로 한 계단 한 계단 차근차근 밟아 올라가야겠다는 결의를 하게 되었다. 다시 돌아갈 곳과 돌아갈 때를 잊고, 오직 수행으로 가는 데까지 가보는 외길만 보이게 되었다.

황혼에 곱게 물든 니밋따 같은 하늘을 바라보면서 포행 중에 한 스님이 내 옆을 지나가면서 말했다.

"뭐가 좋아 혼자 웃고 다니나?"

3장

거룩한 마음가짐

네 가지 무량한 마음(사무량심, 四無量心)이라고도 하는 거룩한 마음가짐(범주梵住, brahmāvihāra)은 자애(자慈, mettā), 연민(비悲, karunā), 같이 기뻐함(희喜, muditā), 평온(사捨, upekkhā)이 명상주제다. 지혜가 칼과 같다면 그 지혜를 보호해주는 칼집과 같은 것이 자비라고 할 수 있다. 그러므로 위빠사나를 배우기 전에 지혜를 보호할 수 있는 명상주제들을 먼저 닦는 것은 필수과정이라고 할 수 있다.

위빠사나를 하기 전에 닦아야 할 과제는 아직도 많이 남았다. 한번은 파욱 명상센터의 수행과정이 너무 복잡한 것 같다고 했더니, "복잡하지 않다. 붓다의 가르침이다."라고 하며 사야도는 그런 생각을 하는 네 마음이 복잡하지 않느냐고 하는 듯했다.

아무튼 준비를 많이 할수록 성공할 확률이 높을 것이다. 이렇게 준비를 철저히 한다면 적과 싸우기 전에 이겨 놓은 것이나 다를 바가 없을 것이라고 생각을 긍정적으로 고무시키고 사무량심 수행에 임했다.

1. 자애하는 마음 (자무량심慈無量心)

자애심을 닦는 것은 중생을 사랑하는 마음을 계발하는 것이다. 다른 사람이 잘되는 것을 좋아하고 중생이 잘되는 것을 대가 없이 단지 바라는 마음을 증장시킨다. 그러므로 성냄을 극복하는데 가장 효과적인 수행이다.

자애심을 일으킬 대상을 선택해서 자애심을 닦아야 하는데, 그 대상을 정할 때 이성과 죽은 사람을 대상으로 삼아서는 안 된다. 이성은 욕정을 일으킬 수 있고, 죽은 사람을 대상으로 해서는 자애삼매를 얻을 수 없기 때문이다. 자애심을 닦을 대상을 정하는 순서는 좋아하는 사람부터 차츰 미워하는 사람 순으로 해야 한다.

(1) 개인에게 자애하는 마음 닦기

1) 아나빠나사띠 사선정이나 흰색 까시나 선정을 얻었다면, 다시 그 삼매에 들어가서 삼매의 빛이 밝게 빛나게 해야 한다. 특히 흰색 까시나 사선정의 빛을 이용하면 자애명상을 아주 쉽게 닦을 수 있다. 사선정 삼매로 탐욕, 성냄, 어리석음, 그리고 다른 오염원으로부터 마음이 청정해지기 때문이다. 흰색 까시나 사선정에서 나온 뒤에는 마음이 유연하고, 순수하고 밝게 빛나기 때문에 짧은 시간에 강하고 완벽한 자애심을 계발할 수 있다.

2) 흰색 까시나 사선정에서 나와서 그 강한 빛으로 좋아하고 존경하는 사람에게 마음을 향해야 한다. 그러면 삼매의 빛이 주위로 뻗어나가 그 빛 속에서 대상으로 선택한 사람을 볼 수 있을 것이다. 그때 그 사람의 형상 가운데 가장 마음에 들고 나 자신을 가장 행복하게 해주던 형상을 택한다.

3) 그 사람이 가장 행복해 하던 모습을 떠올려 그 형상이 전방 약 1.8m(2야

드) 앞에 나타나게 한다. 그 형상을 뚜렷이 볼 수 있을 때 다음과 같은 생각으로 그 사람을 향해 자애심을 닦는다.

　　① 이 훌륭한 사람이 위험에서 벗어나기를!
　　② 이 훌륭한 사람이 정신적 고통에서 벗어나기를!
　　③ 이 훌륭한 사람이 육체적 고통에서 벗어나기를!
　　④ 이 훌륭한 사람이 건강하고 행복하기를!

이 네 구절로써 그를 향해 서너 번 자애심을 보낸 다음, 이 넷 중에 가장 마음에 드는 것을 선택한다.

4) '이 훌륭한 사람이 위험에서 벗어나기를!' 이 구절을 선택했다면 그 사람이 위험에서 벗어나는 형상을 그리면서 그에 대한 자애심을 확대한다. '이 훌륭한 사람이 위험에서 벗어나기를! 이 훌륭한 사람이 위험에서 벗어나기를!…….' 하면서 계속해서 자애심을 보낸다. 그래서 마음이 아주 고요해지고 대상에 고정되면, 선정의 다섯 요소를 식별할 수 있는지 본다. 선정의 요소가 나타날 때까지 계속 반복하여 초선정, 이선정, 삼선정을 얻는다. 선정요소에 즐거움(sukha)이 들어 있어서 사선정에 들지는 못한다.

5) 그 뒤 나머지 세 구절도 하나씩 취해서 삼선정을 얻을 때까지 자애심을 닦는다. 각 구절에 맞는 형상을 떠올려 첫 구절 수행과 같은 방식으로 세 가지 선정을 닦아야 하고, 각각의 선정에서 다섯 가지 자유자재함을 숙달해야 한다.

6) 좋아하거나 존경하는 한 명의 사람에 대한 명상에 성공하면 이와 같은 방법으로 열 명의 사람을 선택하여 삼선정을 얻을 때까지 수행을 반복한다.

7) 다음은 나 자신에게 매우 소중한 사람을 열 명 선택해서 삼선정에 이를 때까지 한 명씩을 대상으로 마찬가지 방법으로 자애심을 닦는다.

8) 그 다음엔 관심 없는 사람 열 명을 취해서 삼선정에 이를 때까지 한 명

씩을 대상으로 자애심을 닦는다.

9) 이제는 미워하고 싫어하는 사람 열 명에게 똑같은 수행을 할 수 있을 정도로 자애선정이 숙달되어졌을 것이다. 삼선정에 이를 때까지 그들을 향해 자애심을 닦는다. 그러나 미워하거나 싫어하는 사람이 없을 경우는 이 수행을 할 필요가 없다. 미워하거나 싫어하는 대상이 있을 때만 그런 사람을 향해 자애심을 닦을 수 있다.

이렇게 자애심을 닦으면 마침내 어느 누구를 대상으로 삼아도 선정을 이룰 수 있게 된다. 존경하는 사람, 소중한 사람, 관심 없는 사람, 미워하는 사람 등을 가릴 필요가 없게 된다.

이 과제를 숙달하고 파욱 사야도에게 보고했다.

"개인에게 자애심을 계발했습니다. 그룹별 열 명씩 네 가지 방법으로 각각 삼선정을 얻었습니다. 어느 누구든지 대상으로 해서 선정을 얻을 수 있습니다."

"경계 허물기 해라."

(2) 경계 허물기

1) 개인에게 자애심을 계속 닦아나가면, 존경하거나 좋아하는 사람에 대한 자애심이 동등해져서 이들 모두를 그저 좋아하는 사람으로 똑같이 생각하게 된다. 그렇게 되면 결국 네 유형만 남게 된다.

　　① 자기 자신
　　② 좋아하는 사람
　　③ 관심 없는 사람
　　④ 미워하는 사람

이들 네 유형에 대해 자애심을 계속 닦아서 자애심이 균형을 이루고 분별이 없어지게 한다. 비록 자기 자신을 대상으로 자애선정을 얻을 수는 없지만, 이 네 유형이 균형을 이루도록 하려면 자기 자신을 포함해야 한다. 자기 자신을 자애하는 마음은 쉽고 강하게 일어나므로 먼저 한다.

2) 아나빠나사띠 또는 흰색 까시나로 사선정에 들었다 나와 밝은 삼매의 빛으로 잠깐 동안 자신을 향해 자애심을 보낸다. 그 다음에 좋아하는 사람, 관심 없는 사람, 미워하는 사람에게 모두 삼선정에 이를 때까지 자애심을 보낸다.

3) 다시 한 번 자기 자신에게 자애심을 짧게 보내고 나서, 나머지 세 유형에도 보낸다. 이때 세 유형 각각에서 취하는 사람은 이전과 다른 사람이어야 한다. 이렇게 계속 수행하면 마음에 끊어짐이 없고 분별없는 자애심이 일어난다. 네 유형 중 어느 누구를 대상으로 삼아도 분별없이 자애선정을 닦을 수 있어야 한다.

경계 허물기 실습을 다하고 사야도에게 보고를 했다.

"자애심 경계 허물기를 했습니다. 자기 자신, 좋아하는 사람, 관심 없는 사람, 미워하는 사람, 이 네 유형의 대상을 바꿔가며 자애심을 보내 어떤 사람도 분별하지 않고 자애삼매를 얻었습니다."

"네 유형이 균형이 잘 맞더냐?"

"미워하는 사람은 현재는 없지만 균형을 맞추기 위해 과거에 미워했거나 사이가 안 좋았던 사람으로 했습니다."

"세분된 범주와 세분되지 않은 범주를 열 방향으로 자애심을 계발해라. 경계 허물고 그 빛을 이용해라."

(3) 528가지 방법으로 자애하는 마음 닦기

1) 흰색 까시나 사선정에 들어갔다 나와 그 빛을 이용하여 자신과 타인과

의 경계가 없어질 때까지 경계 허물기 방법으로 자애심을 닦는다. 그 다음 삼매의 빛을 이용해서 자기 주위 또는 건물이나 가급적 넓은 범위에 있는 존재들 모두를 보도록 한다.

2) 그것들이 뚜렷이 보이면 5가지 세분되지 않은 범주와 7가지 세분된 범주를 합하여 12가지 범주에 따라 그 존재들을 향해 자애심을 보낸다.

- 5가지 세분되지 않은 범주

① 모든 존재

② 모든 생명체

③ 모든 중생

④ 모든 인간

⑤ 모든 개체

- 7가지 세분된 범주

① 모든 여성

② 모든 남성

③ 모든 깨달은 사람

④ 모든 범부

⑤ 모든 천신

⑥ 모든 인간

⑦ 모든 악도중생

3) 각 범주의 존재들에 대하여 다음 네 구절을 이용하여 충만한 자애심을 보낸다.

① 그들이 위험에서 벗어나기를!

② 그들이 정신적 고통에서 벗어나기를!

③ 그들이 육체적 고통에서 벗어나기를!

④ 그들이 건강하고 행복하기를!

'그들'은 12범주 가운데 하나다. 따라서 자애심을 계발하는 방식은 12범주에 4구절씩 닦으므로 48가지가 된다.

4) 각각의 범주에 속하는 존재들의 모습이 삼매와 지혜의 빛 속에서 뚜렷이 보여야 한다. 한 범주에서 삼선정까지 닦고 다음 범주로 넘어가야 한다. 48가지 방식을 전부 사용해서 자애심을 충만하게 보내는 데 능숙해질 때까지 이렇게 수행해야 한다.

5) 능숙해지고 나면 정한 범위를 확대해 나갈 수 있다. 명상센터, 마을, 도시, 도, 나라, 세계, 태양계, 은하계, 우주 전체가 포함되도록 정한 범위를 확장하여 48가지 방법으로 삼선정에 이를 때까지 닦아야 한다. 이것에 능숙해지면 10방향으로 자애심을 가득 채우는 수행으로 나아갈 수 있다.

6) 10방향 범주로 자애심을 닦는다는 것은 10방향 각각에서 48가지 방법을 계발하는 것이다. 10방향은 동, 서, 남, 북과 그 간방, 그리고 위쪽과 아래쪽이다.

먼저 동쪽으로 펼쳐진 무한한 우주 전체에 있는 모든 존재들을 보면서 48가지 방법으로 자애심을 보내야 한다. 이어서 서쪽을 비롯한 나머지 방향으로도 이와 같이 수행한다. 이렇게 하면 480가지(10×48=480)의 자애심을 계발하는 방법이 되고 애초의 48가지 방법을 더하면 528가지(480+48=528)가 된다.

이와 같이 많은 방법으로 반복훈련을 함으로써 몸과 마음에 변화가 일어나기 시작했다. 몸과 마음은 거듭된 훈련으로 길들여야만 변하게 된다는 것을 겪어보고서야 알게 되었다. 몸과 마음은 서로 의지하고 있기 때문에 같이 변한다는 것도 알 수 있었다.

수행방법의 설명을 보면 지레 겁을 먹을 정도로 복잡하고 장황하다. 그러나 실제 수행을 하면 의외로 단순하고 빨리 할 수가 있다. 그것은 마음이 빠른 속도로 움직여 실습을 해내기 때문이다. 실습 요령만 터득되면 순식간에 우주 전체에 있는 모든 존재들에게도 자애심을 보낼 수 있다.

이 과제 수행을 마치고 인터뷰를 할 때는 미진한 점이 없어보이도록 하기 위해 자세하게 보고를 했다. 그래도 사야도는 한 가지 질문을 하셨다.

"지옥 중생, 아귀, 천신 봤느냐?"

"모든 존재들에게 자애하는 의도를 가지고 확장했습니다. 지옥 중생과 신들에게도 자애심을 보냈습니다."

"연민 계발해라."

2. 연민하는 마음 (비무량심悲無量心)

⑴ 연민심을 계발하려면 먼저 고통을 겪고 있는 한 사람을 선택해서 그의 고통을 생각하여 연민심을 일으켜야 한다. 그리고 흰색 까시나로 사선정에 도달하여 삼매의 빛이 밝게 빛날 때 나와 그 사람을 보면서 삼선정에 이를 때까지 자애심을 닦는다.

⑵ 자애삼매에서 나온 뒤, 그 고통을 받는 사람을 향해 '이 훌륭한 사람이 고통에서 벗어나기를!' 하고 생각하면서 연민심을 닦는다. 초선정, 이선정, 삼선정을 얻고 각 선정에서 다섯 가지 자유자재함을 숙달한다.

⑶ 고통을 겪고 있는 어느 한 사람을 대상으로 수행에 성공했다면, 다음과 같이 대상을 바꾸어서 각각 삼선정을 얻을 때까지 연민심을 닦는다.

　① 고통받는 사람 열 명

② 좋아하는 사람 열 명

③ 관심 없는 사람 열 명

④ 미워하는 사람 열 명

(4) 자애심을 닦을 때처럼 네 유형의 사람들에 대해서 경계가 허물어질 때까지 연민심을 닦는다.

① 자기 자신

② 좋아하는 사람

③ 관심 없는 사람

④ 미워하는 사람

(5) 겉으로 보기에 고통을 겪지 않고 행복해 보이는 사람을 향해 연민심을 닦으려면 '모든 깨닫지 못한 범부들은 윤회 속에서 헤매는 동안 행했던 악행의 과보를 받을 수밖에 없고, 악도에 태어나는 위험에서 자유롭지 못하다.'라는 사실을 성찰해야 한다. 실제 모든 존재들은 늙고 병들고 죽기 마련이므로 모두가 다 연민의 대상이 될 수밖에 없다. 이렇게 성찰한 뒤에 자애심을 닦을 때처럼 자기 자신과 나머지 세 유형의 사람들을 향해 연민심을 닦아야 한다.

(6) 자애심을 닦을 때처럼 다섯 가지 세분되지 않은 범주와 일곱 가지 세분된 범주, 그리고 열 방향으로 확대하면서 연민심을 닦는다.

연민심을 닦으면서 모든 중생들의 고통을 보고 연민심이 정말 필요하다는 것을 절실히 깨달았다. 연민의 대상이 아닌 존재가 없었다.

연민심이 가득 찬 마음으로 수행결과를 보고했다.

"연민심을 계발했습니다. 고통받는 사람을 대상으로 연민심을 닦아 삼선정을 얻고, 그룹별 각각 열 명에 대해 연민심을 닦아서 삼선정을 얻었으며 경계를 허물었습니다. 그런 다음 다섯 가지 세분되지 않은 범주와 일곱 가지 세분된 범주, 그리고 120가지(10×12) 방향의 범주에 따라 애초에 계발한 12가지를 합해 132가지(5+7+120) 방법으로 연민심을 닦았습니다. 붓다의 대비심을 흠모하며, 모든 중생을 대상으로 연민심을 가득 채웠습니다."

"같이 기뻐하는 마음 계발해라."

3. 같이 기뻐하는 마음(희무량심喜無量心)

(1) 같이 기뻐하는 마음을 계발하려면 먼저 그 사람을 보면 기쁘고 매우 좋은 행복한 사람을 택해야 한다. 그리고 흰색 까시나 사선정에 들어서 삼매의 빛이 밝게 빛날 때 나와 그 빛을 이용하여 그 사람을 보면서 자애선정을 닦는다. 그 다음 자애선정에서 나와 연민선정을 닦는다.

(2) 연민선정에서 나와 그 행복한 사람을 향해 '이 훌륭한 사람이 자신이 얻은 행복으로부터 멀어지지 않기를!' 하고 생각하며 같이 기뻐하는 마음을 닦는다. 초선정, 이선정, 삼선정을 얻고 각 선정에서 다섯 가지 자유자재함을 숙달한다.

(3) 행복한 한 사람에 대해서 같이 기뻐하는 마음을 계발하게 되면 다음과 같이 네 유형의 사람들을 대상으로 각각 삼선정에 이르도록 같은 방식으로 닦는다.

　　① 행복한 사람 열 명
　　② 좋아하는 사람 열 명
　　③ 관심 없는 사람 열 명
　　④ 미워하는 사람 열 명

(4) 그런 다음 자기 자신과 나머지 세 유형의 사람들에 대해서 경계가 허물어질 때까지 같이 기뻐하는 마음을 닦는다.

(5) 그리고 무한한 우주의 모든 존재를 향해 12범주를 10방향으로 같이 기뻐하는 마음을 애초의 12가지를 포함해 132가지 방법으로 닦는다.

거룩한 마음가짐을 계발하는 수행에는 많은 사람을 대상으로 삼아야 하므로 아는 사람들을 기억 속에서 모두 찾아봐야 하고, 그들을 유형별로 나누어 보게 되었다. 그러면서 나의 과거 대인관계를 성찰해 볼 수도 있었고, 수행을 하면서 그들에 대한 마음의 경계를 허물게 되었다. 그래서 모든 사람들을 같은 마음으로 대하게 되었다.

이 과제 수행을 하고 결과 보고를 하자 평온의 마음을 계발하는 방법을 설명해 주었다. 정리하면 다음과 같다.

4. 평온의 마음 (사무량심捨無量心)

(1) 평온의 마음을 계발하려면 먼저 흰색 까시나로 사선정에 들어갔다 나와야 한다. 그런 다음 무관심한 한 사람을 택해 자애, 연민, 같이 기뻐하는 마음을 삼선정까지 닦는다.

(2) 삼선정에서 나와 이 세 가지 무량심의 단점, 즉 애정, 좋아함과 싫어함, 고양된 마음 및 기쁨 등과 이 세 무량심이 인접해 있다는 점을 성찰한다.

① 자애심은 고통에서 벗어날지 장담 못한다.

② 연민심은 고통에서 벗어날지 장담 못한다.

③ 같이 기뻐하는 마음은 유지할지 장담 못한다.

그런 뒤에 평온에 기초한 사선정은 평화스럽다고 생각한다.

(3) 관심 없는 사람을 택해서, '이 훌륭한 사람은 자기 업의 상속자이다.'라고 생각하면서 그 사람을 향해 평온을 닦는다. 사선정까지 얻고 각 선정에서 다섯 가지 자유자재함을 얻을 때까지 숙달한다.

(4) 관심 없는 사람 열 명과 존경하는 사람, 좋아하는 사람, 미워하는 사람도 각각 열 명씩을 대상으로 평온을 닦아 사선정을 얻는다.

(5) 그 다음 자기 자신과 나머지 세 유형의 사람을 향해 경계가 허물어질 때까지 평온을 닦는다.

(6) 무한한 우주를 향해 평온의 마음을 132가지 방법으로 닦는다.

이렇게 네 가지 거룩한 마음가짐을 닦고 나니 아무 걱정이 없어졌다. 마음은 마냥 평온하고 수동적으로 되었다. 마치 흐르는 물처럼 낮은 곳으로 흐를 뿐 그 무엇도 탓하지 않게 되었다. 흐르다가 장애물을 만나면 돌아가고, 웅덩이를 만나면 채워질 때까지 기다렸다가 넘치면 흘러가는 것과 같이 되었다. 유난히 연민심이 커져서 유정 무정들이 다 불쌍해 보였다. 다 늙고 병들어 죽어 없어질 것으로 보였기 때문이다. 원수도 갚을 일 없어졌다. 곧 죽을 놈을 괜히 건드려 악업을 지을 필요가 없지 않은가. 원수도 불쌍한 판에 고운 사람이야 말해 뭣하겠는가? 만나는 사람마다 측은하고 불쌍하게 생각되었다. 그 후로 아무에게나 기회가 있으면 수행을 해야 한다고 권하는 이야기를 하게 된 것 같다. 이 책을 쓰게 된 동기도 바로 여기서 시작되었다.

4장

네 가지 보호명상

네 가지 보호명상은 자애명상과 붓다에 대한 명상, 혐오스러움에 대한 명상, 죽음에 대한 명상이다. 이 네 가지 명상은 수행자를 갖가지 위험으로부터 보호해주기 때문에 보호명상이라고 한다. 자애명상은 했으므로 나머지 세 가지 명상을 하면 된다. 이것들도 위빠사나를 하기 전에 배우고 익혀서 닙바나로 가는 데 노자가 되도록 준비하는 과정이다.

1. 붓다를 계속해서 생각함

(1) 붓다에 대한 명상은 경전에 자주 나오는 정형구를 사용하여 붓다의 특성인 아홉 가지 덕을 관찰함으로써 계발한다.

1) 응공(應供, Arahaṁ) : 정신적 오염원을 파괴했기 때문에 존경할 가치가 있는 분

2) 정변지(正邊知, Sammā Sambuddho) : 스스로 위없는 깨달음을 얻으신 분

3) 명행족(明行足, Vijja Carana Sampanna) : 지혜와 계행이 완벽하신 분

4) 선서(善逝, Sugato) : 이익이 되고 진리인 것만 말씀하시는 분

5) 세간해(世間解, Loka vidū) : 세상의 모든 일을 아시는 분

6) 무상사 조어장부(無上師 調御丈夫, Anuttaro Purisadamma Sārathi) : 길들일 만한 인간을 길들이는데 비길 데가 없으신 분

7) 천인사(天人師, Sattha Deva Manussānam) : 천상과 인간의 스승

8) 불(佛, Buddha) : 진리를 깨달으신 분

9) 세존(世尊, Bhagavā) : 과거생의 공덕 결과로 가장 많은 복덕을 지니신 분

(2) 붓다에 대한 명상으로 삼매를 계발하려면 먼저 첫 번째 특성인 아라한을 이용하는 방법을 수행한다. 『청정도론』에 따르면 빨리어 '아라한'은 다섯 가지 정의가 있다. 이 명상을 닦으려면 이 다섯 가지 정의를 잘 외워야 한다.

1) 모든 오염원과 잠재성향을 남김없이 전부 제거했고 그것들로부터 멀어졌기 때문에 붓다는 공양 받아 마땅한 분이다.

2) 아라한도(道)의 검으로써 모든 오염원을 잘라 버렸기 때문에 붓다는 공양 받아 마땅한 분이다.

3) 연기의 수레바퀴살을 무지와 갈애부터 시작하여 모두 부러뜨리고 부수었기 때문에 붓다는 공양 받아 마땅한 분이다.

4) 계행, 선정, 지혜가 비길 데 없으므로 붓다는 신과 인간으로부터 최상의 존경과 공양을 받아 마땅한 분이다.

5) 홀로 있거나 누가 보지 않을 때에도 몸, 말, 생각으로 어떠한 악도 행하지 않기 때문에 붓다는 공양 받아 마땅한 분이다.

(3) 아나빠나사띠 사선정이나 흰색 까시나 사선정에 들어 삼매의 빛이 깨끗하고 밝으면 그 빛을 이용해 자신이 기억하고 있거나, 좋아하거나, 존경하는 붓다의 형상을 마음에 떠올린다. 그 형상이 뚜렷해지면 그것을 실제 붓다로 보면서 집중한다. 과거 생에 붓다를 만난 행운이 있었다면 그 형상이 다시 떠오를 수도 있다. 이 경우 붓다의 모습뿐만 아니라 붓다의 특성에도 집중해야 한다. 실제 붓다의 형상이 떠오르지 않는다면, 마음속에 떠올린 붓다의 형상(佛像)을 실제 붓다로 여기면서 붓다의 특성을 회상한다.

(4) 아라한의 정의를 한 가지씩 그 의미를 대상으로 삼고 '아라한, 아라한' 하면서 그 뜻을 되새긴다. 집중력이 강하게 닦이면 붓다의 형상은 사라지고 마음은 선택된 붓다의 특성에 집중된 채 머무를 것이다. 선의 각지가 일어날 때까지 계속 집중하여 근접삼매를 얻는다. 붓다의 특성 9가지와 아라한의 정의 5가지에 대해 각각 30분 이상 집중하여 모두 근접삼매에 이르도록 붓다를 계속 명상한다.

흰색 까시나 사선정에서 나와 붓다의 형상을 떠올리자 처음에는 아름다운 불상이 떠오르다가 계속 과거로 거슬러 올라가보니 수행자 붓다의 모습이 떠올랐다. 고행 상에 살이 적당히 찐 성스런 모습의 거인으로 나타났다. 이 붓다의 형상을 앞에 모셔놓고 붓다의 특성 9가지와 아라한의 정의 5가지를 모두 근접삼매가 되도록 닦았다.

이 과제를 마치고 인터뷰를 할 때까지 그 삼매에서 출정하지 못한 상태에서 보고를 했던 것 같다.

"붓다에 대한 명상을 했습니다. 아홉 가지 특성과 다섯 가지 아라한의 정의를 삼십 분 이상씩 수행해서 모두 근접삼매를 얻었습니다. 붓다와 함께 살고,

붓다를 존경하며 그 가르침에 순종하게 되었습니다. 지금도 제 가슴에는 붓다가 계십니다."

사야도는 미소를 지으며 말씀하셨다.

"여기도 붓다 계신다."

사야도 방 윗목에는 여러 나라의 작은 불상들이 진열장 안에 모셔져 있었다.

2. 혐오스러움에 대한 명상

(1) 아나빠나사띠 사선정이나 흰색 까시나 사선정을 얻는다. 그 삼매의 빛이 밝고 깨끗해지면 그 빛으로 전에 본 적이 있는 동성의 가장 혐오스런 시체를 마음에 떠올린다. 전에 본 것과 꼭 같은 시체를 보아야 한다.

(2) 시체의 형상이 가장 혐오스런 모습으로 나타나게 한 다음, 그것에 집중한 채 '혐오스러움, 혐오스러움' 하면서 알아차린다.

(3) 욱가하 니밋따(익힌 표상)가 빠띠바가 니밋따(닮은 표상)로 바뀔 때까지 시체의 혐오스러움에 집중한다. 욱가하 니밋따는 과거 실제로 보았던 시체의 형상으로 섬뜩하고 무서운 모습이다. 그러나 빠띠바가 니밋따는 팔다리가 장대한 사람이 포식하고 누워있는 모습과 같다. 빠띠바가 니밋따에 계속 집중하여 초선정을 얻는다.

(4) 초선정에 30분 머문 뒤 나와서 그 시체가 7일 뒤 썩은 형상으로 대상을 옮겨 '혐오스러움, 혐오스러움' 하면서 마음에 잡도리하여 표상을 얻는다. 욱가하 니밋따는 변한 모양과 색깔로 나타나고, 빠띠바가 니밋따는 고정된 모습의 한 가지 색깔로 나타난다. 일으킨 생각으로 표상에 집중해야 하므로 초

선정만 얻는다.

(5) 그 시체가 한 달 뒤, '썩어 문드러진 것의 혐오스러움'을 떠올리고 마음에 잡도리하여 일으킨 생각으로 집중하면, 감각적 욕망 등의 다섯 가지 장애가 사라지고 초선정의 다섯 구성요소들이 나타난다.

(6) 두 달 뒤,

(7) 석 달 뒤,

(8) 일 년 뒤,

(9) 이 년 뒤의 썩은 것으로 대상을 옮겨 같은 방법으로 각각 초선정을 얻고 몇 분 뒤 나온다. 이장하는 것을 본 일이 있으면 그때 직접 본 시체를 떠올려라.

(10) 그 시체가 뼈만 남은 것을 대상으로 '혐오스러움, 혐오스러움' 하면서 집중해서 초선정을 얻고 몇 분 뒤 나온다.

(11) 오랜 세월이 지나 해골이 먼지로 되어 사라지는 것을 보면서 '혐오스러움, 혐오스러움' 하면서 초선정을 얻는다.

이상 아홉 번의 초선정을 연결하여 한 좌선에서 닦는다.

혐오스러움에 대한 명상으로 빠띠바가 니밋따를 얻으면서 애욕들이 마음에서 사라지고 감각적 욕망을 잊어버리게 되었다. 이 몸이 살아있든 죽었든 아름다움이라고는 없는 그 본성을 알았다. 내 몸도 죽은 뒤 썩어서 결국 먼지가 되어 사라지게 될 것을 확신하게 되었다.

3. 죽음에 대한 명상

(1) 죽음에 대한 명상도 전에 본 기억이 있는 시체를 이용해 혐오스러움을

스승은 **붓다**이시다

계발해서 초선정에 든다. 그 외부의 시체를 대상으로 초선정을 얻을 때 '나의 몸도 죽기 마련이다. 이 시체와 마찬가지로 죽을 것이다. 시체가 되는 것을 피할 수 없다.'라고 성찰한다.

(2) 자기 자신이 죽어야 할 운명에 대해 마음을 집중함으로써 절박함이 일어나는 것을 알 수 있을 것이다. 그와 같은 지혜가 떠오르면 자신의 몸이 혐오스러운 시체처럼 보일 것이다. 그 시체의 생명기능이 끊어짐을 인식하면서, 다음과 같은 생각 중 하나로 생명기능의 사라짐에 집중한다.

1) 나의 죽음은 확실하고 나의 삶은 불확실하다.

2) 나는 반드시 죽는다.

3) 나의 삶은 죽음으로 끝난다.

4) 죽음, 죽음

(3) 네 구절 중에 집중하기 좋은 것을 택하여 그것을 숙고한다. 자신의 시체 형상에서 생명기능이 사라짐에 집중을 계속하여 근접삼매를 얻는다. 물질과 정신을 식별할 수 있을 경우에는 죽기 직전 바왕가에서 34개 심소를 식별하고, 심장 십 원소 깔라파와 생명 구 원소 깔라파를 식별해서 죽음의 순간 물질(심장 십 원소 깔라빠)과 정신(34개 심소)이 느리고 약해지다 멈추는지 본다.

이 명상주제는 자신의 시체를 대상으로 하기 때문에 근접삼매 이상은 얻을 수 없다.

명상에 긴박감이 부족하고 지루하게 되면 죽음에 대한 명상으로 절박함을 일깨워야 한다. 내 죽음의 순간에 직면하면 어떻게 하겠는가? 그 순간을 맞을 준비를 반드시 해야 한다.

이 과제 수행결과를 보고하자 사야도는 혐오감 명상과 연속해서 최종적으로 한 번 더 하라고 하셨다. 그래서 먼지로 사라지는 나의 시체를 보고 결국

나의 몸이라는 무더기가 원래 없었다는 것을 알았다. 존재에 대한 집착이 풀리고, 이래서 불생불멸이구나 하는 생각을 하였다. 사야도는 이렇게 부정관 수행방법을 나에게 맞춤식으로 배려하여 지도해주셨다.

5장

그 외의 사마타 명상

『청정도론』에 나오는 수행법 중에 파욱명상센터의 수행과제에서 빠진 것이 있었다. 그것은 법, 승가, 계, 보시, 신, 고요함에 대한 명상과 음식에 대해 혐오하는 인식 명상 등이다. 이 명상주제들은 별도로 수행하지 않아도 유사한 수행법을 명상함으로써 닦여지고, 상가생활 속에서 수행되고 있다고 볼 수도 있지만, 나는 그렇게 융통성 있게 되지를 못했다. 이 명상 주제들에 대해 스스로 부족함을 느끼면서 기회가 되면 직접 닦아보고 싶었다. 마침 보호명상수행을 하고 한 주일 동안 통역 봉사를 해주는 스님이 몸이 아파서 인터뷰를 못했을 때가 있었다. 그 시간을 이용해서 이 명상주제들에 대해 실습을 했다. 그리고 물질을 식별하기 전에 몸의 물질을 만드는 음식에 혐오하는 인식 수행을 하였다. 집중된 마음챙김(sati)으로 이 명상주제들마다 가능한 근접 삼매를 얻을 수 있었다.

자발적으로 이 수행을 한 까닭은 무엇보다 붓다께서 가르쳐 주신 수행 방법이 귀중하게만 생각되어 반드시 닦아보고 싶었기 때문이다. 그리고 나의 근기는 실제 수행을 해야만 체득되어 변화를 얻을 수 있다는 것을 알았기 때문이기도 했다. 법문을 듣거나 경전을 읽으면 지식은 얻을 수 있어도 지혜가 되지 않아 실제로 마음이 향상되지 못했다. 나를 변화시키는 것은 직접 몸으로 닦는 길뿐임을 확실히 체험으로 알았기에 수행에 중독된 것처럼 실행할 수밖에 없었다. 이 수행법들이 얼마나 중요한지 체득하면서 감명했고, 소중히 간직해서 두고두고 닦아야 할 전가의 보도와 같다는 생각이 들었다.

1. 법을 계속해서 생각함

마음을 고요하게 해서(선정을 닦았을 경우 : 아나빠나사띠 사선정이나 흰색 까시나 사선정에 들었다 나와서) "법은 붓다에 의해서 잘 설해졌고, 스스로 보아 알 수 있고, 시간이 걸리지 않고, 와서 보라는 것이고, 향상으로 인도하고, 지자들이 각자 알아야 하는 것이다."라고 교학과 출세간법의 덕을 계속해서 생각한다.

(1) 붓다에 의해서 잘 설해진 교학은 시작도 중간도 끝도 좋고 의미와 표현을 갖추고 더할 나위 없이 완벽하고 지극히 청정한 범행을 드러내기 때문이다. 닙바나는 영원함, 죽음이 없음, 귀의처, 의지할 곳 등의 고유성질로 설하셨기 때문에 잘 설하셨다.

(2) 성스러운 도는 자기의 상속에서 탐욕 등을 없애는 성인에 의해 스스로 보아 알만하기 때문에 스스로 알 수 있는 것이다. 아홉 가지 출세간법(네 가지 도와 네 가지 과와 열반)을 얻게 되면 그것이 보이자마자 수행을 관통하고 닙바나의 실현을 관통하여 윤회의 두려움을 물리친 것을 반조하는 지혜로 보기 때문에 스스로 보아 알 수 있는 것이다.

(3) 도는 일어나자마자 곧바로 결과를 주는 것이라서 시간이 걸리지 않는다.

(4) 아홉 가지 출세간법은 고유성질로 존재하는 것이고 궁극적인 뜻에서 얻을 수 있기 때문이고, 구름 없는 하늘에 둥근 보름달처럼 오염원의 더러움이 없어 완전히 청정하기 때문에 와서 보라고 초대할 만하다.

(5) 성스러운 도는 성스러운 사람들을 과와 닙바나로 인도하기 때문에 향상으로 인도할 만한 것이다.

(6) 지자는 '나는 도를 닦았고, 과를 얻었고, 닙바나를 실현했다.'라고 자신의 마음에서 볼 수 있고 체험하는 것이다.

이와 같이 여섯 가지로 구분한 법의 덕을 계속 생각할 때, 마음은 탐진치(貪瞋癡)에 얽매이지 않고 법을 의지하여 올곧아진다. 법의 덕을 봄으로써 법에 대한 존경심을 내고 믿음이 깊어진다. 희열과 즐거움이 커지고, 두려움과 고통을 극복할 수 있다. 이렇게 장애들이 사라지는 어느 한순간에 선정요소들이 일어나게 된다. 법의 덕을 계속 생각하므로 근접삼매에 들고 본삼매에는 이르지 못한다.

경전을 보면서 잘 설해진 도와 과에 이르는 법을 생각하다 어느 순간 마음이 환해지고 경안과 희열을 경험할 때가 있다. 붓다께서 설하신 교학과 출세간법의 덕을 생각하면 법구마다 명상의 주제가 되어 근접삼매에 들 수 있었다.

2. 승가를 계속해서 생각함

조용히 혼자 머물면서(선정을 닦았을 경우 : 아나빠나사띠 사선정이나 흰색 까시나 사선정에 들었다 나와서) "붓다의 제자들의 승가는 잘 도를 닦고, 바르게 도

스승은 붓다이시다

를 닦고, 참되게 도를 닦고, 합당하게 도를 닦으니, 곧 네 쌍의 인간들(四雙)
이요, 여덟 단계에 있는 사람들(八輩)이시다. 이러한 붓다의 제자들의 승가는
공양 받아 마땅하고, 보시 받아 마땅하고, 합장 받아 마땅하며, 세상의 위없
는 복밭(福田)이시다."라고 성스러운 승가의 덕을 계속해서 생각한다.

(1) 계와 바른 견해를 함께 가져서 공동체를 이룬 붓다의 제자들의 무리가
도를 잘 닦아 도에 서고, 도를 바르게 닦아 과에 섰다. 이런 성스러운 승가는
참되고 합당하게 도를 닦는다.

(2) 붓다의 제자들의 승가는 네 가지(수다원 사다함, 아나함, 아라한) 도와 과
에 선 자들이 있다.

(3) 계를 갖춘 자들의 승가는 보시자와 네 가지 필수품의 보시로 하여금 큰
과를 얻게 하기 때문에 보시 받기에 적절하고 공양 받아 마땅하고 합장할 만
하다.

(4) 붓다의 제자들의 승가는 모든 세상에서 비교할 수 없는 복이 증장하는
곳이다.

이와 같이 승가의 덕을 계속해서 생각할 때 마음은 탐진치에 얽매이지 않
고 계를 의지하여 올곧아진다. 승가를 존중하고 믿음이 깊어진다. 승가와 함
께 사는 것 같은 인식을 얻는다. 승가의 덕을 계속해서 생각함을 몸속에 지니
고 있을 때 마음은 승가의 덕을 증득함으로 향한다. 희열과 경안이 일어난다.
장애요소들이 제거되고 어느 한순간 선의 구성요소들이 일어나게 된다. 승가
의 덕들을 계속해서 생각함에 전념하기 때문에 본삼매에는 들지 못하고 근접
삼매에만 이른다.

계를 범할 대상을 만날 때 마치 승가를 대하는 것처럼 양심과 수치심이 일
어난다. 승가의 일원으로 수행자의 본분에 전념한다. 더 이상 통찰하지 못하

더라도 선처로 인도된다.

3. 계를 계속해서 생각함

조용히 혼자 머물러(선정을 닦았을 경우 : 아나빠나 사선정이나 흰색 까시나 사선정에 들었다 나와서) "참으로 나의 계는, 훼손되지 않고, 뚫어지지 않고, 오점이 없고, 얼룩지지 않고, 벗어났고, 지자들이 찬탄하고, 비난받지 않고, 삼매에 도움이 된다."라고 계의 덕을 계속 생각한다.

수계는 붓다의 상가에서 계사스님과 서약을 했지만, 결국 자기와의 약속이다. 지키겠다고 약속한 계를 단 하나도 파하지 않는 것은 마치 깨끗한 천 조각처럼 훼손되지 않고, 뚫어지지 않고, 오점이 없고, 얼룩지지 않은 것과 같다.

몸과 말과 마음으로부터 훼손되지 않은 계들이 갈애와 사견으로부터 벗어나게 만들기 때문에 지자들이 찬탄하고 어느 누구에 의해서도 비난받지 않는다. 계는 근접삼매나 본삼매에 도움이 되고, 도의 삼매와 과의 삼매에도 도움이 된다.

이와 같이 계의 덕을 계속해서 생각할 때, 탐진치에 얽매이지 않고 마음은 계를 의지하여 올곧아진다. 장애들이 제거되면서 어느 한순간에 선의 구성요소들이 일어난다. 계의 덕을 계속해서 생각함에 전념하기 때문에 본삼매에는 이르지 못하고 근접삼매에만 이른다. 이 수행을 한 뒤로는 계를 지키려는 생각을 내지 않아도 계가 저절로 지켜져서 계를 지키는 습관이 생겼으며, 계를 지키는 것이 편하고 떳떳하며 몸과 마음이 맑고 밝아졌다.

4. 보시를 계속해서 생각함

덕이 높은 분들에게 능력껏 최대한 보시한 뒤 거기서 표상을 취하고 조용한 곳에 혼자 머물러(선정을 닦았을 경우：아나빠나사띠 사선정이나 흰색 까시나 사선정에 들었다 나와서) "이것은 참으로 내게 이득이다. 참으로 큰 이득이다. 나는 인색함과 때에 얽매인 사람들 가운데서 때와 인색함에서 벗어난 마음으로 살고, 아낌없이 보시하고, 손은 깨끗하고, 구걸하는 것에 반드시 부응하고, 보시하고 나누어주는 것을 좋아하기 때문이다."라고 자신의 보시를 계속 생각한다.

(1) 붓다는 보시하는 자의 이득을 찬탄하셨다.

1) 음식을 베풀어서 생명을 주는 자는 천상이나 인간의 삶을 얻는다.

2) 보시하는 자를 좋아하여 많은 사람들이 늘 모인다.

3) 좋은 사람들을 따라 보시하는 자는 사랑받는다.

이 교법과 사람의 몸을 받은 나는 그 큰 이득에 동참하리라고 생각한다.

(2) 인색함과 탐욕 등에 얽매여 있을 때에는, 자기의 번영을 타인과 나누어 가짐을 견디지 못하는 특징을 가졌고, 마음의 본래 투명한 상태를 더럽히는 어두운 법에 오염되어 있었다.

(3) 탐욕 등 오염원들을 극복하고, 나는 벗어난 마음으로 밝은 집에서 산다.

(4) 나는 보시하고, 또 내 자신이 사용할 것을 나누어 준다. 나는 이 둘 다 좋아한다.

이와 같이 보시의 덕을 계속해서 생각할 때, 마음은 탐진치에 얽매이지 않고 보시를 의지하여 올곧아진다. 탐하지 않는 잠재성향을 갖게 되고, 자애하며, 두려움이 없고, 희열과 경안이 생긴다. 장애들이 제거되면서 선의 구성요소들이 일어나게 된다. 보시의 덕을 계속해서 생각함에 전념하기 때문에 근접삼매에 이른다.

5. 신을 계속해서 생각함

신에 대한 명상을 하려면 성스러운 도를 통해 일어난 믿음 등의 덕을 갖추어야 한다. 그 다음에 조용한 곳에 혼자 머물러(선정을 닦았을 경우 : 아나빠나사띠 사선정이나 흰색 까시나 사선정에 들었다 나와서) 사대왕천이 있고, 삼십삼천이 있고, 염라천이 있고, 도솔천이 있고, 화락천이 있고, 타화자재천이 있고, 범신천이 있고, 그보다 높은 천들이 있다.

(1) 이런 신들은 믿음을 구족하여 여기서 죽은 뒤 그곳에 태어났다. 나에게도 그런 믿음이 있다.

(2) 신들은 이런 계를 구족하여 여기서 죽어 그곳에 태어났다. 나에게도 그런 계가 있다.

(3) 신들은 이런 배움을 구족하여 여기서 죽어 그곳에 태어났다. 나에게도 그런 배움이 있다.

(4) 신들은 이런 보시를 구족하여 여기서 죽어서 그곳에 태어났다. 나에게도 그런 보시가 있다.

(5) 신들은 통찰지를 구족하여 여기서 죽은 뒤 그곳에 태어났다. 나에게도 통찰지가 있다.

이와 같이 자신의 덕이 신들과 같다는 것을 신들을 증명으로 삼은 뒤 믿음 등 자기의 덕을 계속 생각한다. 이렇게 신들의 덕을 생각한 뒤 나에게 있는 덕을 계속해서 생각할 때, 마음은 탐, 진, 치에 얽매이지 않고, 신을 의지하여 정직해진다. 신들이 좋아하고 마음에 들어 한다. 믿음이 더욱더 깊어지고 희열과 경안이 커진다. 장애들이 제거되고 선정요소들이 일어나 근접삼매에 든다.

이렇게 신에 대한 명상을 하면 천신으로 인도될 수 있다. 우리나라 스님들의 열반송 중에 '미륵보살이 상주하고 있는 도솔천으로 간다.'는 내용을 담고 있는 것은 수행방법은 조금 달라도 이 수행이 되었기 때문이 아닐까 한다.

6. 고요함을 계속해서 생각함

조용히 혼자 머물러서(선정을 닦았을 경우 : 아나빠나사띠 사선정이나 흰색 까시나 사선정에 들었다 나와서) 다음과 같이 모든 괴로움의 고요함이라 불리는 닙바나의 덕들을 계속해서 생각해야 한다.

"조건들이 모여서 형성되었거나 형성되지 않은 법들이 있는 한 그들 가운데 탐욕의 빛바램이 최상이다. 그것은 바로 허영심의 분쇄요, 갈증의 제거요, 집착의 근절이요, 윤회의 멸절이요, 갈애의 파괴요, 탐욕의 빛바램이요, 소멸이요, 닙바나다."

자만이라는 허영심을 분쇄하고, 감각적 욕망에 대한 갈증을 제거하고, 다섯 가닥의 감각적 욕망에 대한 집착을 근절하면 삼계에 윤회하는 것을 끊어버린다. 그러므로 갈애가 파괴되기에 이르고 탐욕이 빛바래고 소멸한다. 갈애로부터 벗어나게 하고 도망가게 하고, 헤어지게 하기 때문에 닙바나라 부른다.

이와 같이 허영심의 분쇄 등의 덕들로 고요함을 계속해서 생각할 때 마음은 탐, 진, 치에 얽매이지 않고 여래를 의지하여 올곧아진다. 장애들이 제거되면서 어떤 한순간에 선정요소가 일어나 근접삼매에 든다.

다른 명상의 경우와 같이 이것도 성스러운 제자만이 성취한다. 이 고요함을 명상하는 수행자는 행복하게 잠자고, 행복하게 깨어난다. 감각기능들이 고요하고, 마음도 고요하다. 양심과 수치심을 가지며, 청정한 믿음을 가지고, 수승한 경지 닙바나를 확신한다. 청정범행을 닦는 동료들이 존중하고 공경하며, 더 이상 통찰하지 못하더라도 적어도 선처로 인도된다.

7. 음식에 대해 혐오하는 인식 수행

음식에 대해 혐오하는 인식을 닦으려면 명상주제를 배워 한 구절씩 의심이 없도록 하여 한적하게 혼자 머물면서(선정을 닦았을 경우 : 아나빠나사띠 사선정이나 흰색 까시나 사선정에 들었다 나와서) 먹고 마시고 씹고 맛본 것으로 분류되는 먹는 음식에 대해 열 가지 형태로 혐오스러움을 반조한다. 즉 ① 탁발 가는 것으로써, ② 구하는 것으로써, ③ 먹는 것으로써, ④ 분비물로써, ⑤ 저장되는 곳으로써, ⑥ 소화되지 않은 것으로써, ⑦ 소화된 것으로써, ⑧ 결과로써, ⑨ 배출하는 것으로써, ⑩ 묻은 것으로써 반조한다.

(1) 음식을 얻으러 가는 과정에서 겪는 혐오스러움을 반조한다.

(2) 음식을 위해 마을로 들어가고 나오기까지 겪는 혐오스러움을 반조한다.

(3) 음식을 먹을 때 입 속에서 혼합되어 혐오스러운 상태가 된 것을 반조한다.

(4) 음식을 삼켜 위 안으로 들어갈 때 소화액이 분비되는 혐오스러움을 반조한다.

(5) 분비물이 묻은 채 음식이 위 속으로 들어가면 한 번도 씻지 않은 오물통

과 같은 장소에 저장된다는 것을 반조한다.

(6) 위 속에 저장되어 소화가 되기 전까지 극도로 혐오스러운 상태로 남아 있는 것을 반조한다.

(7) 소화되어 대변과 소변이 된 혐오스러움을 반조한다.

(8) 음식이 적당하게 소화되어 몸의 각 부분을 생산해내고, 바르게 소화되지 않으면 여러 가지 병을 생산해 낸다. 이런 음식의 결과로써 혐오스러움을 반조한다.

(9) 옛 스승이 말씀하신 것과 같이 배출하는 것으로써 혐오스러움을 반조해야 한다.

1) 맛난 음식, 마실 것, 딱딱한 음식, 부드러운 음식이 하나의 문으로 들어가서 아홉 문으로 나온다.

2) 맛난 음식, 마실 것, 딱딱한 음식, 부드러운 음식을 여러 친지들과 함께 먹지만 배출할 때는 숨어서 한다.

3) 맛난 음식, 마실 것, 딱딱한 음식, 부드러운 음식을 즐기면서 먹지만 배출할 때는 혐오스러워한다.

4) 맛난 음식, 마실 것, 딱딱한 음식, 부드러운 음식은 하룻밤이 지나면 모두 썩어버린다.

(10) 먹을 때 음식물은 손과 입술과 혀와 입천장에 묻고, 눈곱, 귓밥, 코딱지, 대소변 등으로 눈과 귀와 코와 대소변 배출구 등에 묻는다. 이와 같이 묻은 것으로 혐오스러움을 반조한다.

이와 같이 열 가지 형태로 혐오스러움을 반조하고 추론과 일으킨 생각으로 계속 명상하면 먹는 음식은 혐오스러운 상태로 분명해진다. 그 표상을 거듭거듭 반복하여 닦으면 장애들이 제거되고 근접삼매에 든다.

음식에 대해 혐오하는 인식을 수행하면 맛에 대한 갈망으로부터 마음이 물러나고, 움츠러들고, 되돌아온다. 마치 사막을 건너고자 하는 사람이 자기 아들의 살을 먹듯이 괴로움을 건너기 위해 허영심 없이 음식을 먹는다.

이렇게 음식에 대해 철저히 알게 되면 다섯 가닥의 감각적 욕망에 대한 탐욕도 철저히 알아서 물질 무더기를 꿰뚫어 안다. 몸에 대한 마음챙김의 수행을 성취하고 부정의 인식에 수순하는 도 닦음을 갖추게 된다. 이런 도 닦음을 통해 금생에 불사를 맛보지 못하더라도 내세에는 적어도 선처에 태어난다.

이틀을 금식하면서 음식에 대한 혐오감 인식을 닦았다. 열 개의 구절을 하나씩 구체적으로 떠올리면서 음식물이 혐오스러움으로 변하여 니밋따가 되는 것을 식별했다. 모든 음식이 똥이 되므로 똥이 더럽지 않아 보였다. 똥의 냄새와 음식의 냄새가 다르지 않게도 인식되었다. 아들과 사막을 건너던 사람이 굶주리다 죽게 되었을 때 아들의 살을 먹는 모습을 떠올려 보고, 그 모습에서 나를 대치시켜 보면서 진저리를 쳤다. 음식은 아들의 살과 같다. 내 아들의 살이 아니라고 맛에 중독되어 먹어댄다. 그래서 식탐의 습관이 업이 된 것이다. 다른 생명의 자식을, 내 배를 채우고 맛을 즐기기 위해 잡아먹는 것은 괴로움이며 악업이다. 음식에 대한 탐욕이라는 장애가 있는 상태에서는 수행이 되지 않는다는 것을 알 수 있었다. 나와 같은 생명의 살을 먹으며 그 맛에 탐닉한다면 그 어떤 수행으로도 넘을 수 없는 장애가 된다는 것을 알았다.

그래서 진정으로 수행을 하기 위해서는 두타행을 하지 않을 수 없다는 것을 깨달았다. '오직 도를 이루기 위해 이 음식을 받습니다.'라고 하며 양심과 수치심에 무거운 발우를 들고 탁발을 할 때마다 발우에 음식이 놓일 때 진저리가 쳐지는 수행을 더하게 되었다.

6장

사대명상

1. 위빠사나의 시작

위빠사나로 가는 길은 사마타 명상주제로 시작하거나 바로 사대명상으로 시작하는 두 가지 방법이 있다. 어느 방법으로 하든 파욱명상센터에서는 위빠사나 수행을 하기 전에 사대명상을 완성해야 한다. 사마타 명상주제로 선정을 계발했을 경우 사선정에 들어갔다 나와 집중력이 계발된 상태에서 사대명상을 시작한다. 사대명상은 고유성질을 가진 법을 대상으로 하기 때문에 본삼매에는 이르지 못하고 근접삼매를 얻을 수 있다.

사대명상을 통해서 모양과 같은 개념이 아닌 물질의 실재를 지혜로 식별할 수 있게 되므로 위빠사나의 시작이라고 한다. 이 사대명상의 막바지에 이르면 위빠사나 수행에 필요한 궁극적 실재를 식별하는 능력을 계발하기 때문에 위빠사나가 시작된다.

2. 12가지 특징 관찰

(1) 우선 한적한 곳에 혼자 머물러(선정을 닦았을 경우 : 아나빠나사띠 사선정이나 흰색 까시나 사선정에 들었다 나와서) 집중된 마음을 자기의 온몸으로 전향하여 사대요소의 12가지 특징을 관찰한다.

1) 땅의 요소 : 단단함, 거침, 무거움, 부드러움, 매끄러움, 가벼움

2) 물의 요소 : 흐름, 응집

3) 불의 요소 : 따뜻함, 차가움

4) 바람의 요소 : 지탱, 움직임

(2) 사대요소의 특징을 쉽게 관찰할 수 있게 순서를 조정한다. 먼저 다음과 같은 순서로 관찰한다.

① 움직임

② 단단함

③ 거침

④ 무거움

⑤ 지탱

⑥ 부드러움

⑦ 매끄러움

⑧ 가벼움

⑨ 따뜻함

⑩ 차가움

⑪ 흐름

⑫ 응집

이러한 각 요소의 특징들을 몸의 한 장소에서 관찰한 다음 온몸에서 관찰한다.

1) 움직임을 관찰하려면 숨을 들이쉬고 내쉴 때 머리 한가운데에서 생기는 감각을 통하여 움직임을 알아차려 본다. 그 움직임을 식별할 수 있으면 마음에 뚜렷해질 때까지 그것에 집중한다. 그런 다음 몸의 다른 부분으로 옮겨서 거기에 움직임을 찾는다. 이렇게 머리, 목, 몸통, 팔, 다리, 발로 옮겨가면서 움직임을 관찰한다. 처음에는 관찰할 부분을 더 세분하면 더 뚜렷이 식별할 수 있다. 몸의 어느 곳을 살피든 어디서든 쉽게 움직임을 볼 수 있을 때까지 거듭 이렇게 식별한다. 머리 한가운데서 숨의 움직임을 쉽게 식별할 수 없다면 숨을 쉬는 동안 가슴이 부풀고 배가 들락거리는 움직임을 알아차리도록한다. 이것도 분명하지 않으면 맥박을 잡아보거나 움직임이 분명한 다른 곳에서 움직임을 관찰한다.

시작은 어느 곳에서 하든지 온몸을 통해 움직임을 식별할 수 있어야 한다. 어떤 곳에서는 분명하고 어떤 곳에서는 분명하지 않을지라도 움직임은 온몸에 있다. 움직임을 볼 수 있다는 자신이 생기면 단단함을 찾아본다.

2) 단단함을 식별하려면 이빨을 꽉 다물고 이빨이 얼마나 단단한지 느껴본다. 다문 것을 풀고서 이빨의 단단함도 느낀다. 이것을 느낄 수 있으면 움직임을 식별할 때처럼 머리에서 발끝까지 온몸에서 단단함을 순차적으로 식별한다. 이때 몸을 일부러 긴장하지 않아야 한다. 온몸에서 단단함을 식별할 수 있으면 온몸에서 움직임을 찾는다. 움직임과 단단함, 이 둘을 번갈아 거듭 식별한다. 온몸에서 움직임과 단단함의 식별이 만족될 때까지 이 과정을 여러 번 되풀이한다.

3) 거침을 식별하려면 혀로 이빨의 가장자리를 문지르거나 손으로 옷이나

스승은
붓다이시다

팔의 살갗을 문지르면서 거침을 느껴본다. 순차적으로 온몸에서 거침을 식별해 본다. 거침을 느낄 수 없다면 움직임과 단단함을 다시 찾아보고 이 느낌들과 거침을 함께 식별해도 된다. 거침을 식별할 수 있으면 움직임, 단단함, 거침을 하나씩 온몸에서 거듭 찾아본다.

4) 무거움을 식별하려면 무릎 위에 두 손을 포개놓고 위에 얹은 손의 무거움을 느끼거나 고개를 앞으로 숙여 머리의 무거움을 느껴본다. 온몸에서 무거움을 식별할 때까지 순차적으로 식별한다. 무거움을 뚜렷이 식별할 수 있으면 움직임, 단단함, 거침, 무거움 등 네 가지 특징을 온몸에서 만족할 때까지 관찰한다.

5) 지탱함을 식별하려면 등에 힘을 빼고 몸을 앞으로 숙였다 쭉 펴서 곧게 세운다. 몸을 곧게 유지하는 힘이 지탱함이다. 머리에서 발끝까지 온몸에서 지탱함을 식별할 때까지 순차적으로 관찰한다. 지탱함이 뚜렷하지 않으면 단단함과 함께 식별해 보면 조금 더 쉬울 것이다. 지탱함을 식별할 수 있게 되면 온몸에서 움직임, 단단함, 거침, 무거움, 지탱하는 특징을 관찰한다.

6) 부드러움을 식별하려면 혀를 아랫입술 안쪽에 밀어대며 그 부분의 부드러움을 느껴본다. 그런 다음 몸에 힘을 빼고 부드러움을 온몸에서 쉽게 느낄 수 있을 때까지 순차적으로 관찰한다. 이어서 온몸에서 움직임, 단단함, 거침, 무거움, 지탱, 부드러움의 특징을 관찰한다.

7) 매끄러움을 식별하려면 입술을 적신 다음 혀로 입술 위를 좌우로 핥음으로써 매끄러움을 느껴본다. 온몸에서 매끄러움을 식별할 수 있을 때까지 관찰한다. 이어서 온몸에서 매끄러움까지 숙지한 일곱 가지 특징을 관찰한다.

8) 가벼움을 식별하려면 손가락 하나를 아래위로 까닥거리면서 손가락의 가벼움을 느껴본다. 만약 가벼움을 느낄 수 없다면 반대되는 특징인 무거움

을 찾는다. 무거움이 온몸에서 느껴지면 다시 손가락을 아래위로 까닥거리면서 가벼움을 느껴본다. 온몸에서 가벼움을 식별할 때까지 순차적으로 관찰한다. 이어서 가벼움까지 숙지한 여덟 가지 특징을 관찰한다.

9) 따뜻함을 식별하는 것은 쉽다. 온기가 느껴지는 곳이면 어디라도 거기서 따뜻함을 알아차린다. 이제는 아홉 가지 특징을 관찰한다.

10) 차가움을 식별하려면 콧구멍으로 들어오는 숨의 차가움을 느껴본다. 그리고 온몸에서 차가움을 순차적으로 관찰한다. 이제는 열 가지 특징을 관찰한다. 위 열 가지 특징은 감촉을 통해서 직접 알 수 있지만, 나머지 흐름과 응집 두 가지는 다른 열 가지 특징에서 추론함으로써 알 수 있다. 그래서 이 두 가지를 나중에 한다.

11) 응집을 식별하려면 살갗 속에 살과 힘줄이 어떻게 하나로 엉켜 몸을 이루는지 알아야 한다. 풍선 속의 물처럼 살갗이 피를 몸속에 가두고 있다. 응집이 없다면 몸은 조각조각 입자로 분해되어 버릴 것이다. 몸이 땅에 붙어있도록 해주는 중력도 응집이다. 이것이 뚜렷하지 않다면 온몸에서 열 가지 특징 모두를 한 번에 하나씩 거듭 식별한다. 그것이 숙달되면 응집도 뚜렷해질 것이다. 그래도 아직 응집이 뚜렷하지 않으면 움직임과 단단함의 특징만 거듭 식별한다. 그러면 온몸이 마치 밧줄에 감긴 것처럼 느껴질 것이다. 그리고 다른 특징들을 포함해서 열한 가지를 관찰한다.

12) 흐름을 식별하려면 입 안에 침이 흐르고 혈관으로 피가 흐르고 폐 속으로 공기가 흐르고 온몸에 열기가 흐르는 것을 알아차린다. 이것이 뚜렷해지면 흐름을 볼 때 차가움, 따뜻함, 움직임도 함께 본다. 그러면 흐름도 식별할 수 있게 된다.

(3) 처음에는 몸에서 12가지 특징을 몸의 한 부분에서 관찰하고, 다음에는 온

스승은
붓다이시다

몸에서 관찰할 수 있을 때까지 계속해서 이 같은 순서대로 특징을 관찰해야 한다. 이렇게 하는데 만족하게 되면, 처음에 주어진 순서대로 재배열해야 한다.

① 단단함

② 거침

③ 무거움

④ 부드러움

⑤ 매끄러움

⑥ 가벼움

⑦ 흐름

⑧ 응집

⑨ 따뜻함

⑩ 차가움

⑪ 지탱

⑫ 움직임

이 순서대로 머리에서 발끝까지 하나씩 특징들을 식별한다. 적어도 일 분에 이 12가지를 세 번 이상 아주 빠르게 반복할 수 있을 때까지 닦는다.

(4) 이렇게 수행할 때 요소들 간에 균형을 잘 유지해야 한다. 서로 균형을 맞추어야 할 반대되는 특성은 단단함과 부드러움, 거침과 매끄러움, 무거움과 가벼움, 흐름과 응집, 따뜻함과 차가움, 지탱과 움직임이다. 요소들 간에 균형이 맞아야 집중을 더 쉽게 얻는다.

(5) 이제 온몸에서 12가지 특징을 식별하는데 숙달되고 이 특징들이 뚜렷하게 드러나면, 첫 번째 여섯 특징은 땅의 요소로, 다음 두 개의 요소는 물의 요소로, 그 다음 두 요소는 불의 요소로, 나머지 두 요소는 바람의 요소로 각각

한번에 식별한다. 이와 같이 마음을 고요하게 하고 집중을 얻기 위해서 땅, 물, 불, 바람의 요소들을 계속 식별해야 한다.

마음을 고요하게 하고 집중하는데 좋은 방법은 몸의 한 부분에서 다른 부분으로 옮겨가지 말고 몸을 전체적으로 한꺼번에 훑어보는 것이다. 머리 위에서 내려다보는 것처럼 하거나 어깨너머로 엿보는 것처럼 보면서 요소들 사이에 긴장과 불균형이 초래되지 않도록 유의해야 한다.

(6) 사대요소를 식별하여 삼매를 닦을 때는 다음과 같이 해야 한다.

1) 순서에 따라서 : 땅, 물, 불, 바람의 순서에 따라야 한다.

2) 너무 빠르지 않게 : 사대요소를 너무 빨리 식별하면 뚜렷이 보지 못한다.

3) 너무 느리지 않게 : 사대요소를 너무 느리게 식별하면 끝까지 보지 못한다.

4) 마음이 산란해지는 것을 막으면서 : 명상주제인 사대요소에만 마음을 유지해서 헤매지 않게 해야 한다.

5) 개념을 넘어서 : 땅, 물, 불, 바람이라고 단지 마음으로 개념만 잡아서는 안 된다. 그 개념들이 나타내는 실제 특징을 구체적으로 알아차려야 한다.

6) 뚜렷하지 않은 특징은 제쳐두기 : 열두 가지 특징을 모두 식별하면서 그 가운데 뚜렷하지 않은 것이 있으면 제쳐둘 수도 있다. 그 때문에 요소들 사이에 불균형이 생겨 고통이나 긴장이 생기면 안 되기 때문이다. 그러나 사대요소 각각에서 최소한 한 가지 특징은 반드시 포함되어야 한다. 12가지 특징이 모두 뚜렷해서 하나도 제쳐둘 것이 없다면 가장 좋다.

7) 특징들을 식별하기 : 명상 초기에 각 요소의 특징들이 아직 뚜렷하지 않으면 그 기능과 나타남에 집중할 수도 있다. 집중이 강해지면 각 요소의 자연적 특징에만 집중해야 한다. 즉, 땅의 요소의 단단함과 거침, 물의 요소의 흐름과 응집, 불의 요소의 따뜻함과 차가움, 바람의 요소의 지탱과 움직임에만

집중해야 한다. 이 단계에서는 오직 요소만 보아야지 사람이나 자기 자신이라고 보아서는 안 된다.

(7) 사대요소에 집중하는 수행을 계속해서 근접삼매에 가까워지면 여러 종류의 빛이 보인다. 처음에는 그 빛이 연기 같은 회색으로 나타난다. 이 회색 빛 속에서 사대요소를 계속 관찰하면 그 빛은 목화솜처럼 하얗게 되었다 구름처럼 하얗게 되고, 그 다음은 온몸이 하얀 형상으로 보인다. 그 하얀 형상 속에서 계속해서 사대요소에 집중하면 그것은 마침내 얼음덩어리나 유리처럼 반투명하게 된다. 반투명한 형상 속 사대요소를 계속 식별하면 그것이 반짝이면서 빛을 낸다. 적어도 30분 이상 이 빛에 계속 집중할 수 있다면 근접삼매에 도달한다.

(8) 반투명한 형상 속에서 계속해서 사대요소를 식별하면 아주 작은 공간요소를 식별할 수 있다. 그러면 그 반투명한 형상이 아주 작은 입자들로 쪼개진다. 반투명한 형상 속에서 공간요소를 찾지 못할 때는 계속해서 반투명한 형상을 몸으로 생각하고 사대요소를 식별하다보면 저절로 아주 작은 입자들로 쪼개진다. 이 입자들을 물질 깔라빠(rūpa-kalāpa)라고 한다.

3. 깔라빠를 볼 때까지

깔라빠를 볼 때까지 많은 난관을 겪어야 했다. 지극정성으로 할 수 있는 노력은 다해본 것 같다. 주어진 여건에 감사하고 근신하면서 몸의 컨디션을 조절했다. 묵언하며 오문을 단속하여 에너지를 집중할 수 있도록 분위기를 조성했다. 이 수행을 할 수 있는 인연에 감사하면서 없는 듯 머물면서 오직 수행으로 보답하리라는 결의를 했다.

마음은 한꺼번에 두 가지 이상을 보지 못한다. 동시에 본다는 것은 빠른 속도로 선후로 보는 것이다. 또 마음은 한꺼번에 움직이는 것을 보지 못한다. 깔라빠가 움직이는 것을 보는 것은 아주 짧은 순간 순간 멈춘 상태를 본 것을 이어서 이동하는 것을 아는 것이다. 전체를 보는 것도 아주 짧은 순간에 선후로 보는 것이다. 마음의 속도가 너무나 빠르기 때문에 착각을 하게 된다. 따뜻함을 먼저 보고 차가움을 순차적으로 보아야 했다. 열두 가지 특징을 모두 하니까 지루하고 땅의 특징이 너무 많아 균형이 맞지 않았다. 그래서 땅의 특징도 단단함과 거침 두 가지만 하였다.

① 단단함

② 거침

③ 흐름

④ 응집

⑤ 따뜻함

⑥ 차가움

⑦ 지탱

⑧ 움직임

이렇게 했더니 사대요소가 각각 두 개의 특징으로 균형이 맞고 식별속도가 빨라졌다.

빛이 뜨고 얼음처럼 반투명해졌지만 아무리 사대요소 특징을 식별해도 그 견고한 빛 덩어리가 깨어지지 않았다. 한 달이 지났는데도 깨어질 기미를 보이지 않고, 더 이상 진전이 없자 점점 의기소침해졌다. 숙면을 못하고 가위눌리기도 했다. 그것은 또 다른 경계에 들려는 징조일 수 있다고 자위를 해보기도 했지만, 아마 심신이 너무 허약해졌기 때문이었을 것이다.

사야도는 사대요소 식별과정을 수천 번, 수만 번, 수백만 번 반복해야 한다고 하셨다. 지금 내가 하고 있는 것과 같이 사대요소를 식별해서 백만 번을 반복하려면 삼 년이 걸린다는 계산이 되었다. 이제 한 달 하고서야 안 되는 것이 당연한 일이라는 생각도 해보았다. 그러나 안 되는 것을 하고 있는 고통을 감내하기가 어려웠다. 수행이라는 노력의 양이 정신과 물질의 질을 변화시킬 때까지 반복 훈련을 해야 하는 것이다. 이렇게 어렵기 때문에 수승하고 귀한 법이지 않겠는가? 끝까지 하고야 말겠다는 결심으로 옥쇄작전으로 버티는 수밖에 없었다.

아무리 애를 써도 빛은 깨어질 줄을 몰랐다. 지루한 사투를 벌이던 중에 목원스님이 꾸띠에 찾아왔다. 빛이 깨어지지 않아서 진퇴양난에 빠져 돈좌되어 있는 나를 보고는 위로하듯 이야기했다. 깔라빠를 보려고 삼 년이나 시드는 프랑스 수행자도 있고, 여기서 헤매다 결국 돌아가는 사람을 숱하게 봤다고 하는데, 아마 자신도 그렇지 않나 싶어 보였다. 그러면서 기분전환을 위해 뒷산으로 바람 쏘이러 가지 않겠느냐고 했다. 수행의 진전이 없을 때는 산행을 하면서 충전하는 것도 좋을 듯했다.

다음날 점심공양을 마치고 바로 출발했다. 고무나무 숲을 지나 능선을 타고 굽이굽이 돌아서 산봉우리에 올랐다. 산꼭대기에는 탑이 있고 북쪽 사면에 절이 있었다. 탑 안에는 중앙에 불상이 모셔져 있고, 외곽으로는 민간신앙의 대상인 듯 낯선 신상들이 조성되어 있었다. 목원스님이 준비해온 향불을 피우고 삼배를 한 뒤 조금 앉아 있다가 다시 삼배를 하고 밖으로 나왔다. 탑 주위를 돌며 사방을 둘러봤다. 북동쪽은 넓은 평야지대였다. 들판 저편 끝에는 태국과 국경을 이루고 있는 산줄기가 보였다. 남서쪽으로는 강과 바다가

만나는 곳으로 수평선과 섬이 평화로워 보였다. 건너 보이는 물마루 위로 푸른 하늘에 떠있는 뭉게구름이 아름다워 보였다.

산행을 다녀온 다음날이었다. 오후에 네 시간을 앉아서 사대명상을 했다. 어느 때보다도 안정되고 집중이 잘 되었다. 세 시간이 지났을 무렵부터 전면 우측에 무슨 그림자가 서있는 것 같았다. 네 시간이 다 되어갈 때는 더욱 이완되고 고요한 상태에서 무심히 사대요소를 보았다. 이상하게도 아까부터 우측에 섰던 그림자가 점점 커지면서 앞으로 확대되더니 좌측까지 커튼을 걷듯이 쫙 밀려나갔다. 그 걷힌 자리에는 밤하늘의 은하수처럼 수많은 작은 별들이 가득 떠 있었다. 사대요소 식별을 계속했으나 더 이상 변화가 없이 그 뭇 별들로 고정되었다. 가만히 살펴보니 어떤 것들은 별처럼 빛나고 또 어떤 것들은 원형 고리처럼 속이 비어 있었다. 더 자세히 보니 그것들은 계속 움직이고 있었다. 어떻게 해야 할지를 몰라 사대요소 식별을 계속하면서 확인하고 또 확인했다.

오후 정진이 끝나고 명상홀을 나오자 주스 공양을 했다. 사탕수수를 끓여서 만든 주스를 한 잔 마시고는 물병으로 휴대하고 다니는 꿀을 담았던 플라스틱 병(500cc)에 주스를 담아서 가방에 넣고 통역 봉사하는 스님을 찾아갔다. 특별 인터뷰 통역을 부탁하여 같이 레와따 스님의 꾸띠로 갔다. 빛을 깬 감격을 참지 못하고 찾아와 보고하는 나를 보고 빙그레 웃음 짓던 레와따 스님은 여느 때와 다름없이 침착하게 말했다.

"아직 확실치 않으니 사대요소 식별을 더해서 빛이 모두 갈라지고 빛나게 해라. 반투명 깔라빠와 불투명 깔라빠를 구분해라."

이미 빛은 완전히 갈라졌고, 반투명 깔라빠와 불투명 깔라빠도 다 보았던 그것들이었다. 내가 맞게 했다는 것을 확인받은 것이다. 나는 가방에서 주스

담은 병을 꺼내어 스님에게 공양했다. 스님은 미소를 지으며 받더니 축원을 해주었다.

"이담 메 뿐냥 닙바나싸 빠짜요 호뚜(이 공덕으로 열반에 이르게 되기를)! 잘 먹었다."

건강이 안 좋기 때문인지 말로만 마시고, 그 병을 그대로 다시 돌려주었다. 깔라빠 명상으로 위빠사나를 할 수 있게 된 이 고마움을 어떻게 표현해야 할 지를 몰랐다.

이렇게 사대를 분석하여 물질의 작은 입자 깔라빠를 식별함으로써 사마타 명상 계발을 위해 붓다가 설하신 40가지 명상주제들을 모두 닦고 비로소 위빠사나 수행을 시작하게 되었다. 물질을 깔라빠로 볼 수 있게 된 것은 사마타 수행을 열심히 하여 강한 집중력과 밝은 빛을 얻었기 때문이었다. 그래서 깔라빠 속의 궁극적 실재를 식별할 수 있었을 뿐만 아니라 그 물질에 의지해서 일어나는 정신을 식별할 수도 있게 되었다. 그리고 깔라빠의 생멸을 봄으로써 죽음과 재생을 알게 되었고, 무상, 고, 무아로 통찰하는 위빠사나 수행을 깔라빠 명상으로 사성제의 참된 지혜를 닦을 수 있게 되었다.

제2부

열반을 깨닫는
위빠사나 수행

1장

위빠사나 지혜를
닦는 단계

열반(nibbāna)에 들려면 열여섯 가지 위빠사나(vipassanā, 통찰) 지혜를 한 단계 한 단계 순서대로 수행해야 한다. 그것은 사성제를 구체적으로 닦는 것이며 일곱 청정도의 수행이다. 이들은 단계의 구분 방식과 표현방법의 차이가 있을 뿐 내용은 모두 같다. 이러한 수행방법들은 모두 『청정도론』을 준거로 하고 있다.

1. 일곱 청정도

일곱 청정도는 다음과 같다.

(1) 계청정

(2) 심청정

(3) 견청정

(4) 의심을 극복함에 의한 청정

(5) 도와 도 아님에 대한 지와 견에 의한 청정

(6) 도 닦음에 대한 지와 견에 의한 청정

(7) 지와 견에 의한 청정

2. 위빠사나 지혜를 닦는 열여섯 단계

위빠사나의 지혜 열여섯 가지는 다음과 같은 순서로 닦아야 한다.

(1) 정신과 물질을 식별하는 지혜

(2) 조건을 파악하는 지혜

(3) 분명한 이해의 지혜

(4) 일어남과 사라짐의 지혜

(5) 무너짐의 지혜

(6) 공포의 지혜

(7) 위험의 지혜

(8) 염오의 지혜

(9) 해탈하기를 원하는 지혜

(10) 숙고하는 지혜

(11) 상카라에 대한 평온의 지혜

(12) 수순하는 지혜

(13) 종성의 지혜

(14) 도의 지혜

(15) 과의 지혜

(16) 반조의 지혜

이 지혜들을 한 단계 한 단계 닦아가다 보면 통찰하는 지혜가 성숙되어 깨달음이 일어나고 결국에는 열반을 증득하게 될 것이다.

이제야 본격적으로 위빠사나 수행을 하게 되었다. 결전을 앞두고 지금까지 갈고 닦아서 준비한 전열을 가다듬고 각오를 다졌다. 나는 이 명상을 하기 위해 태어났고, 이 길을 찾기 위해 지금까지 고생을 참고 살아왔다고 단정했다. 이제는 오로지 이 수행밖에 할 일이 없는 최잔고목(摧殘枯木)이 될 것이다. 최선을 다해 한 단계씩 차근차근 밟아 올라가다 보면 아득히 멀게만 생각되던 도와 과에 반드시 이르게 될 것이라고 스스로 고무시켰다.

이 수행이야말로 닙바나에 이르게 되는 붓다의 성스러운 길이며, 내가 가야 할 유일한 길이라고 믿었다. 생명이 다하도록 모든 역량을 집중해서 오로지 스승의 가르침대로 닦아나가겠다는 결심을 했다.

2장

물질을 식별하다

첫 번째 위빠사나 지혜의 단계는 정신과 물질을 식별하는 지혜다. 먼저 물질을 식별하고, 이 물질을 토대로 상호 의존하여 존재하는 정신을 식별해야 한다. 물질 식별은 사마타 수행에서 사대명상으로 보게 된 물질 깔라빠(rūpa-kalāpa)를 관찰함으로써 시작한다. 이 단계까지가 『청정도론』에서 말하는 심청정(心淸淨, cittavisuddhi)에 해당한다. 여기서부터 물질 깔라빠를 분석함으로써 견청정(見淸淨, diṭṭhivisuddhi)을 닦는 단계로 나아가게 된다. 이렇게 수행하는 깔라빠 명상을 『청정도론』에서 위빠사나의 시작이라고 했다.

1. 궁극적 물질을 식별하다

깔라빠에는 반투명 깔라빠와 불투명 깔라빠가 있다. 먼저 반투명하거나 불투명한 깔라빠의 무리들을 명확히 확인할 수 있어야 한다. 맑은 날 밤하늘의 수많은 별들처럼 떠 있는 깔라빠들 중에는 반투명하게 밝아서 좀 더 크게 보이는 것과 그보다 색이 짙어 불투명하며 더 작아 보이는 것들로 구분해 볼 수 있다.

처음 빛을 쪼개어 깔라빠로 보는 수행을 성공하고 기쁨에 넘쳐서 보고했던 때를 잊지 못한다.

"눈을 감고 있으면 깔라빠가 시계 가득 보이며, 일어나고 사라지며 움직이는 것도 보입니다. 빛이 모두 깔라빠로 되었습니다."

"깔라빠와 친숙해지는 것은 좋은 현상이다."

빛을 깔라빠로 보는 상태를 확인한 레와따 스님도 같이 기뻐하더니, 그 깔라빠들 속에 있는 궁극적 물질을 사대요소부터 식별하라는 과제를 주었다. 물질의 조그만 덩어리 깔라빠라는 입자의 개념을 꿰뚫고 그 속에 들어있는 궁극적 물질의 요소들을 오로지 의식으로 식별하여 알아내야 한다. 그래야 궁극적 실재에 이를 수 있다. 궁극적 물질의 요소를 있는 그대로 볼 수 있는 것은 사마타 수행으로 기른 집중의 힘 덕분에 그렇게 하는 것이 가능한 것 같았다. 이 과제부터 위빠사나의 시작, 즉 깔라빠 명상으로 견청정 단계로 나아가는 것이다.

(1) 사대요소를 식별하다

"깔라빠가 일어나고 사라지는 것을 무시하고 하나를 주시해라. 하나의 깔라빠에서 사대요소를 식별해라. 반투명 깔라빠와 불투명 깔라빠에 있는 사대요소를 모두 식별해야 한다."

"깔라빠가 작은데 어떻게 그 안에서 사대요소를 볼 수 있습니까?"

"해보면 기술이 생긴다. 집중의 힘 덕분에 그렇게 하는 것이 가능하다."

깔라빠를 가만히 보고 있으면, 주시하는 곳의 깔라빠가 클로즈업되어 점점 커졌다. 적당한 크기로 커졌을 때 그 깔라빠 안에 있는 사대요소를 식별할 수 있었다. 깔라빠는 계속 움직이지만 움직임을 못 본 척하면서 식별하니 되었다. 마치 영화필름이 돌아가서 움직이는 영상을 나타내는 것과 같다. 반투명한 깔라빠도 식별하고 불투명한 깔라빠도 거듭 식별해 보았다.

다음 인터뷰 때 이렇게 하는 방법이 맞는지 물어 보았으나, 레와따 스님은 그렇다고 대답은 하지 않고 다음 과제를 주었다.

"한 깔라빠에서 열두 가지 사대의 특징을 모두 식별해 봐라."

한 깔라빠에서 사대의 열두 가지 특징을 한 가지씩 식별해 보았다. 한 깔라빠를 크게 확장해서 그 안에서 특징들을 찾아보았다. 처음에는 분명하지 않았지만 여러 번 하다 보니 그 특징들을 찾아볼 수 있었다. 나름대로 식별하는 연습을 충분히 하고는 결과보고를 했다.

"한 깔라빠에서 열두 가지 사대의 특징 식별을 했습니다."

그리고 실습과정에서 겪었던 의문사항들을 질문했다.

"깔라빠를 보기 위해서는 반드시 사선정에 들었다 나와서 사대요소를 식별해야 합니까? 아나빠나 사선정의 빛에도 깔라빠가 보입니다."

"지금은 사선정에 들었다 나와서 해야 한다. 선정의 빛이 깔라빠로 보이는 것은 좋은 현상이다."

깔라빠를 보는 것이 숙달되면 사선정에 들지 않아도 되고, 선정의 빛이 깔라빠로 보이는 현상은 빛의 무리에서 예리하게 공간을 보는 지혜가 생겼기 때문이다. 이어서 다음 과제를 받았다.

"한 깔라빠에서 반대되는 특징들을 나누어서 여덟 가지 특징씩을 식별해라. 특징을 하나씩 식별하고 여덟 가지를 동시에 식별해라."

한 깔라빠에서 여덟 가지 특징을 식별할 때 반대되는 특징을 구분하면, 단단함, 거침, 무거움, 흐름, 응집, 따뜻함, 지탱, 움직임을 함께한 여덟 가지 특징과 부드러움, 매끄러움, 가벼움, 흐름, 응집, 차가움, 지탱, 움직임을 같이 한 여덟 가지로 나누어서 조별 실습을 했다. 이렇게 몸의 특징을 식별하는 방법을 숙달해서 보고하고 다음 과제를 받았다.

(2) 색깔을 식별하다

"여섯 감각토대, 즉 눈, 귀, 코, 혀, 몸, 심장토대에 주의를 기울여 사대요소와 색깔, 맛, 냄새, 영양소를 마음의 문(바왕가)에서 식별해라."

색깔은 깔라빠를 볼 때 이미 그 색깔을 보기 때문에 마음의 문에서도 식별된 것이다. 눈에 있는 깔라빠를 한쪽 눈씩 보면서 식별하니 되었다.

반투명 깔라빠와 불투명 깔라빠에는 모두 여덟 가지 기본물질이 들어있다.

1) 땅

2) 물

3) 불

4) 바람

5) 색깔

6) 맛

7) 냄새

8) 영양소

이 여덟 가지 기본물질만 있는 깔라빠 외에 구 원소 깔라빠와 십 원소 깔라빠가 있다.

9) 생명기능

10) 십 원소

구 원소는 생명기능 한 가지이지만, 십 원소는 반투명(감성)물질과 심장(불투명)물질, 성 물질이 있다.

　사대요소를 식별했듯이 이 요소들도 식별해야 된다. 그러나 색깔을 아는 것은 쉬워도 냄새와 맛을 그런 방식으로 알기는 어렵다. 코와 혀로 냄새와 맛을 아는 것이 오랜 생활습관이기 때문이다. 냄새와 맛도 마음의 문에서 알아야 하는데 그렇게 되도록 명상이 강력해질 때까지는 코와 혀의 알음알이의 도움을 받아야 한다.

　반투명물질은 눈(귀, 코, 혀, 몸) 물질의 열 번째 물질이고, 심장요소는 심장 십 원소 깔라빠의 열 번째 물질이다. 반투명물질들은 감각기관에서 감성작용을 하므로 감성물질이라고도 한다. 심장 십 원소 깔라빠는 반투명물질 대신 심장요소 불투명물질로 되어있다.

(3) 냄새를 식별하다

　"냄새를 식별하려면 먼저 코에서 반투명 깔라빠를 식별하고, 심장 불투명 깔라빠에서 심장요소를 식별해야 한다. 코 반투명 깔라빠 근처에서 깔라빠 속의 냄새를 식별해라. 냄새가 코의 문과 마음의 문에 동시에 부딪치는 것을 볼 수 있어야 한다."

　코의 깔라빠에 집중을 하고 냄새를 느껴보려고 애를 쓴 끝에 역겨운 비린내를 식별할 수 있었다. 동시에 마음의 문에서도 냄새가 부딪쳐 식별되었다.

(4) 맛을 식별하다

　"맛을 보려면 혀 반투명물질과 심장 불투명물질을 먼저 식별해야 한다. 그런 다음 혓바닥 위의 침에서 깔라빠를 취하면 된다."

　혓바닥 위에서 깔라빠의 맛을 보니 썩은 김치 냄새 같이 역겨웠다. 마음의 문에서 그 맛을 식별했다.

(5) 소리를 식별하다

"귀 투명요소에 소리가 부딪치면 마음의 문에서도 식별되어야 한다."

소리가 귀 투명요소에 부딪칠 때 마음의 문에도 부딪치는 것에 집중을 하면 감성에 뚜렷이 식별됐다. 심장은 소리에 예민하고 감동을 잘 받는 것을 알 수 있었다.

(6) 감각을 식별하다

"몸 반투명물질과 심장 불투명물질을 함께 식별해라."

몸 반투명 깔라빠는 여섯 감각기관에 두루 있다. 쉽게 볼 수 있는 눈에서 몸 반투명 깔라빠를 하나 보면서 땅, 불, 바람 요소가 들어오는 것을 보며 바왕가와 같이 느낀다. 대상이 다섯 감각의 문 중 어느 하나에 부딪칠 때마다 동시에 여섯 번째 감각의 문(마음의 문, 바왕가)에도 부딪친다.

눈에서 몸 반투명 깔라빠에 땅, 불, 바람 요소가 부딪칠 때 색깔은 들어오지 않는다. 반투명 깔라빠에 색깔, 소리, 냄새, 맛이 들어오면 그 감각기관의 감성물질이다. 눈에서 식별하는 요령이 생기자 몸 어느 감각기관에서든 몸 반투명물질을 바왕가와 함께 식별할 수 있도록 실습했다. 식별할 때마다 일어나는 심장 십 원소 깔라빠의 불투명한 열 번째 물질도 바왕가의 토대인 심장에서 식별했다.

(7) 영양소를 식별하다

"영양소는 모든 깔라빠에 있는 여덟 가지 기본 물질 중 하나다. 어떤 유형의 깔라빠에도 영양소가 있다. 그 영양소에서 깔라빠들이 거듭거듭 생성되어 번져 나가는 것을 볼 수 있을 것이다. 여섯 문에서 다 식별해라."

깔라빠의 유형은 업, 마음, 온도, 음식에서 생긴 네 가지며, 영양소가 들어 있는 깔라빠의 유형도 이와 같다. 모든 깔라빠에는 계란의 노른자 부위와 같은 영양소가 있다. 여섯 문은 눈, 코, 귀, 혀, 몸, 마음의 문이다. 이 여섯 문에 있는 모든 깔라빠의 영양소에서 같은 유형의 깔라빠가 증식되어 나가는 것을 볼 수 있다.

(8) 생명기능을 식별하다

"생명기능은 활동적이고 살아있다. 반투명 깔라빠에서 식별한다. 모든 반투명 깔라빠에 생명기능이 있다. 생명기능은 업에서 생긴 것이다. 불투명 깔라빠에는 있는 것도 있고 없는 것도 있다. 불투명 깔라빠에는 생명기능이 있는 것과 없는 것을 구분해라. 확인 시 마음챙김을 잘해야 한다. 그 생명기능 원소는 한 깔라빠 안에서 그 물질의 살아있는 역할을 한다."

생명기능을 보기 위해 마음챙김을 열심히 해봤지만 반투명 깔라빠 안에서 생명기능이라고 할 만한 것을 발견하지 못했다. 다만 깔라빠 안에서 꿈틀하는 작은 움직임이 있는 것은 식별할 수 있었다. 아무리 보아도 더 이상 보이는 것이 없어서 다음 인터뷰 때 그렇게 보고를 했다.

"반투명 깔라빠 안에 꿈틀하는 움직임이 있는데 이것이 생명기능 맞습니까? 불투명 깔라빠에는 움직임이 있는 것과 없는 것이 있습니다."

"깔라빠가 도는가 보라."

깔라빠 안에 작은 움직임을 따라가면서 돌아가는지 보니 그림자 같은 움직임이 시계바늘처럼 천천히 돌아가고 있었다. 한 바퀴 도는데 십오 초 걸렸다.

이것이 지나가면 깔라빠 안의 각 원소들이 밝아졌다.

(9) 성 요소를 식별하다

"불투명 깔라빠 중 생명요소가 있는 것과 없는 것을 구분한다. 성 물질은 불투명 깔라빠에서만 발견된다. 불투명 깔라빠에서 생명기능이 발견되면 성 십 원소 깔라빠이다. 남성물질은 거칠고 강하며 여성물질은 부드럽고 매끄럽게 돌아간다. 불투명 깔라빠에서 거칠고 강한 남성 물질을 식별해라. 여성 물질을 식별하기 위해서는 아래 절 여성에게 주의를 보내서 사대식별을 하면 불투명 깔라빠의 생명기능이 여성의 특성을 나타낼 것이다."

내 몸 안에서 식별한 불투명 깔라빠 중에서 찾은 생명기능은 남성의 특성과 같이 무겁고 천천히 돌아갔다. 여성 물질의 특성을 보기 위해 밖으로 아래 절 여성에 주의력을 보내서 사대를 식별하고 불투명 깔라빠의 생명기능을 찾아보았다. 여성의 특성과 같이 부드럽고 매끄러우며 가볍게 돌아갔다.

2. 각 유형의 깔라빠를 관찰하다

(1) 깔라빠의 기본 유형
1) 깔라빠의 기본 유형은 세 가지다.
　　① 여섯 감각기관(눈, 귀, 코, 혀, 몸, 심장)의 십 원소 깔라빠
　　② 생명 구 원소 깔라빠
　　③ 팔 원소 깔라빠
2) 눈, 귀, 코, 혀, 심장은 각각 일곱 가지 깔라빠들로 이루어져 있는데, 이

를 물질 하나하나로 계산하면 총 63가지다. 눈을 예로 들면 다음과 같다.

① 눈 십 원소 깔라빠

② 몸 십 원소 깔라빠

③ 성 십 원소 깔라빠

④ 생명 구 원소 깔라빠

⑤ 마음생성 팔 원소 깔라빠

⑥ 온도생성 팔 원소 깔라빠

⑦ 음식생성 팔 원소 깔라빠

앞의 세 가지 십 원소 깔라빠와 생명 구 원소 깔라빠는 업에서 생성된 것이고, 뒤의 세 가지 깔라빠는 마음, 온도, 음식에서 생성된 것이다.

물질은 네 가지 원인에 의해서 생성된 깔라빠들로 되어있다. 그것은 업에서 생긴 깔라빠와 마음, 온도, 음식에서 생긴 깔라빠이다.

(2) 업에서 생긴 물질

업에서 생긴 물질에는 생명 구 원소 깔라빠와 십 원소 깔라빠들이 있다. 생명기능을 가진 이 업 생성 물질은 다시 태어날 때 일어난다. 다시 태어남의 직접 원인은 업이지만, 재생 그 자체는 취착으로 인해 발생하고 취착은 갈애를 조건으로 하며 갈애는 사성제에 대한 무지, 즉 무명을 조건으로 한다.

업 생성 물질은 항상 생성되고 있다. 그것은 재생 연결 시 최초로 생성되며, 다른 모든 물질의 기초가 된다. 이미 식별한 것과 같이 깔라빠 속의 온도와 영양소에서 새로운 깔라빠를 또 생성한다.

(3) 마음에서 생긴 물질

"불투명 심장 깔라빠를 식별하려면 밝고 빛나는 마음의 문인 바왕가에 집중한다. 집중력이 계발되면 손가락을 까닥거리면서 손가락을 까닥거리려는 마음을 본다. 그런 다음 그 마음이 심장토대 즉 불투명한 심장 십 원소 깔라빠에 의지해서 일어나는 것을 식별해본다. 심장 십 원소 깔라빠들은 바왕가 아래쪽에서 발견할 수 있다. 의도가 먼저인지 움직임이 먼저인지 식별해봐라. 바람이 입자를 만든다. 마음에서 생긴 것이 온몸으로 퍼지는 것을 확인해라. 각문에 퍼진 것을 찾아 거기서 궁극적 물질을 식별해라."

바왕가에 마음을 집중하고 손가락을 까닥거리면, 손가락을 움직이기 원하기 때문에 많은 수의 깔라빠가 발생했다. 손가락을 움직일 때마다 바왕가에서 물결처럼 깔라빠가 일어나 온몸으로 퍼져나갔다. 마음에서 생긴 깔라빠가 퍼져나가는 움직임을 보았다. 마음에서 생긴 까라빠의 바람 요소가 행동을 생기게 했다. 이 바람 요소의 형태변화를 몸의 암시라고 하며 의도를 알려준다. 여섯 문에서 새로 나타나는 마음에서 생성된 깔라빠를 찾아서 불투명하고 생명기능이 없는 팔원소를 식별했다.

(4) 온도에서 생긴 물질

불의 요소는 '온도'라고도 불리며 모든 깔라빠에 들어 있다. 모든 깔라빠에 있는 불의 요소에서 깔라빠를 생성한다. 이렇게 해서 생긴 새로운 깔라빠도 불의 요소를 포함하고 있고, 이 불의 요소는 다시 또 깔라빠를 생성한다. 이 과정이 각 감각기관에 있는 모든 유형의 깔라빠에서 일어나는 것을 보아야 한다.

"눈의 깔라빠들에서 불의 요소를 식별한다. 그 불의 요소가 깔라빠들을 생성하는 것을 본다. 다시 새로 생성된 깔라빠의 불의 요소에서 생성되는 것들을 식별한다. 이와 같은 식으로 눈 십 원소 깔라빠에 있는 불의 요소가 음식의 질과 업력의 세기에 따라 네 번 또는 다섯 번 증식하는 것을 확인해라. 이 과정이 각 감각기관에 있는 각 깔라빠 유형에서 일어나는 것을 보고, 각 깔라빠가 얼마나 많이 증식하는지 확인해라."

각 문에서 각 유형의 깔라빠의 불의 요소에서 네 번 또는 다섯 번 증식되는 것을 거듭 관찰했다. 이것을 보면서 내 몸은 깔라빠의 생멸이라는 것을 알았다. 내 몸의 물질을 보는 것이 신기하기도 하고, 이렇게 볼 수 있는 것이 정말 운이 좋다는 생각도 들었다.

(5) 음식에서 생긴 물질

소화되지 않은 음식, 배설물, 고름, 오줌은 무정의 온도생성 영양 팔 원소 깔라빠이다. 몸의 소화 열이 가장 강렬한 곳은 소화기관인데, 이 소화 열은 업 생성 생명 구 원소 깔라빠의 불의 요소다. 음식의 온도생성 영양 팔 원소 깔라빠가 위장에서 생명 구 원소 깔라빠를 만나 소화되면서 음식생성 영양 팔 원소 깔라빠가 생성된다.

이렇게 새로 생긴 깔라빠들도 영양소(음식생성 영양소)를 가지고 있으며, 이 영양소 또한 여러 번에 걸쳐 증식한다. 하루에 먹는 영양분은 이런 식으로 최대 일주일 동안 증식하면서 앞서 생성된 음식생성 깔라빠는 물론이고 업 생성 깔라빠, 마음생성 깔라빠, 온도생성 깔라빠 속에 있는 영양소를 온몸에서 지원한다.

"공양 전 눈을 감고 사대를 식별한 뒤 음식을 입에 넣고 눈을 감고 씹으면서 깔라빠를 보고, 목구멍으로 넘어가는 과정과 위에 도착하는 깔라빠를 봐라. 위 안에 사대식별을 해서 금방 먹은 음식 온도생성 영양 팔 원소 깔라빠를 찾아 궁극적 물질을 식별해라. 이 금방 먹은 음식 온도생성 깔라빠와 위벽

주위에 있는 소화액의 소화 열이 만난다. 이 소화 열이 업에서 생긴 생명 구원소 깔라빠이다. 이렇게 만나면 음식생성 영양 팔 원소 깔라빠를 발생시킨다. 이때 한 깔라빠가 몇 번 증식시키는지 봐라. 그 다음 음식생성 영양 팔 원소 깔라빠들이 온몸으로 퍼져나가는 것을 식별해라. 각 문에 도달하는 것을 관찰하고, 여덟 가지 궁극적 물질을 식별해라. 음식생성 영양 팔 원소 깔라빠가 각 깔라빠의 영양소를 지원하는 것도 식별해라. 온몸에서 소화 열을 만날 때 영양 팔 원소 깔라빠를 여러 번 재생성하는 것도 봐라."

사선정에 들었다 나와서 음식을 입안에서 씹으면서 깔라빠를 보고, 목구멍으로 넘겨서 위에 도착하는 깔라빠를 보았다. 위 안에 무수한 작은 깔라빠를 보고 금방 먹은 음식 온도생성 깔라빠를 식별했다. 위벽에는 허연 소화액이 있었고 거기서 빛이 두드러진 소화 열, 즉 업 생성 생명 구 원소 깔라빠가 금방 먹은 음식 온도생성 영양 팔 원소 깔라빠에 들어가는 것처럼 만나면 움직임이 빨라졌다. 소화 열이 온도생성 영양 팔원소의 영양소를 지원하면 음식생성 영양 팔 원소 깔라빠를 열 번에서 열두 번 생성되어 튀어 나왔다.

소화 열 업 생성 생명 구 원소 깔라빠의 아홉 가지 물질을 식별하고 불요소인 열이 두드러진 것을 확인했다. 음식생성 영양 팔 원소 깔라빠가 온몸으로 퍼져 나가는 것을 확인하고 각 문에 도착하는 것을 관찰했다. 각 문에 도착한 음식생성 영양 팔 원소 깔라빠가 모든 십 원소 깔라빠의 업에서 생긴 영양소를 지원하는 것도 보았다. 그리고 새로운 음식생성 영양 팔 원소 깔라빠가 각 문에서 소화 열을 만나 네 번 또는 다섯 번 증식하는 것도 식별할 수 있었다.

3. 두 가지로 증식되는 것을 보다

"모든 깔라빠의 불요소와 영양소에서 증식되는 것을 봐라. 각 깔라빠의 영양소에 음식생성 영양 팔 원소 깔라빠의 영양소와 소화 열이 지원되어 온도와 영양소에서 마치 나무에 두 가지가 뻗어나가듯 증식되는 것을 봐라. 멀리서 보면 전체 깔라빠들이 가지처럼 증식되는 것을 볼 수 있다. 각 문에서 모든 종류의 깔라빠를 그렇게 봐라. 내 몸에서 했던 것과 같은 방법으로 밖으로도 해봐라."

깔라빠와 거리를 조금 가까이 해서 각 깔라빠의 영양소에 소화 열과 음식생성 영양 팔 원소의 영양소가 겹치면서 지원되는 것을 관찰했다. 증식되어 나온 깔라빠들이 거듭 증식되는 것도 보았다. 모든 종류의 깔라빠의 온도와 영양소에서 두 가지로 증식되는 것을 식별했다. 좀 멀리서 보면 전체 깔라빠가 나무 가지처럼 증식되는 모양을 볼 수 있었다. 눈, 귀, 코, 혀, 심장에서 일곱 가지 깔라빠, 몸에서는 여섯 가지 깔라빠에서 증식과정을 식별했다. 업 생성 십 원소 깔라빠는 네 번 또는 다섯 번, 마음생성 영양 팔 원소 깔라빠는 두 번 또는 세 번 증식했으며, 음식생성 영양 팔 원소 깔라빠는 네 번 또는 다섯 번, 소화기관에서는 최대 열 번에서 열두 번 증식했다. 이렇게 영양소에서 증식될 때 온도에서도 역시 그만큼 여러 번 증식했다. 옆 사람을 대상으로 각 문에서 깔라빠들이 증식하는 것도 식별했다. 마치 내 몸에서 보는 것 같이 건너보면서 식별을 했다.

4. 몸의 42부분을 식별하다

(1) 땅의 요소가 두드러진 20부분

"몸의 42부분은 땅의 요소가 두드러진 부분 20가지, 물의 요소가 두드러진 부분 12가지는 32상과 같으며, 여기에 불의 요소가 두드러진 부분 4가지와 바람의 요소가 두드러진 부분 6가지를 더해서 42부분이 되었다. 각 부분을 관찰할 때 생명 구 원소 깔라빠는 불 요소를 식별할 때 하므로 제외한다. 그러면 몸에는 몸 십 원소 깔라빠와 성 십 원소 깔라빠 그리고 마음, 온도, 음식 생성 영양 팔 원소 깔라빠, 이렇게 5가지 깔라빠의 44가지 요소가 된다. 땅의 요소가 두드러진 20가지 부분 중에 소화 안 된 음식과 똥은 온도생성 영양 팔 원소 깔라빠 뿐이므로 8가지 요소가 되고, 나머지는 44가지 요소가 된다. 먼저 땅의 요소가 두드러진 부분 20가지의 각 깔라빠를 식별해라."

머리털의 모근 부분에 집중하여 깔라빠를 보면서 몸 안과 같이 몸 십 원소 깔라빠, 성 십원소 깔라빠, 마음생성 영양 팔 원소 깔라빠, 온도생성 영양 팔 원소 깔라빠, 음식생성 영양 팔 원소 깔라빠를 식별하고 각 깔라빠에서 증식되는 것을 확인했다. 불 요소에서 증식하는 것을 먼저 보고 영양소에서 증식하는 것을 보았다. 그리고 조금 거리를 멀리해서 두 가지로 증식하는 것을 같이 보았다. 다른 땅의 요소가 두드러진 부분들에 대해서도 이와 같이 식별했으며, 소화되지 않은 음식과 똥은 온도생성 영양 팔 원소 깔라빠만 식별했다. 옆 자리의 수행자를 대상으로 밖으로도 내 몸에서 하는 것과 같이 식별했다.

(2) 물의 요소가 두드러진 12부분

"물의 요소가 두드러진 부분에 대해서도 계속해라. 이것이 삶이다. 해탈을 위한 것이다. 붓다의 가르침은 반복적으로 할 필요가 있다. 성숙과 해탈을 위해서는 스스로 고무시켜야 한다. 지루함을 느끼는 것은 자연스런 마음의 본성이다. 마음을 훈련하는 이익을 이해하고 옛 습관을 반대하는 마음을 먹어라."

너무 자세하게 반복적인 실습을 많이 하는 것에 지쳐서 힘들어했더니, 지루함을 느끼는 것은 본성이지만, 이러한 옛 습관을 극복하라고 했다. 지금 내가 보고 있는 물질의 생멸이 바로 삶이다. 이 삶을 해탈하기 위해 붓다의 가르침대로 마음을 훈련해야 한다는 말을 듣고 마음을 고쳐 먹어보지만 실행에 너무 힘들고 어려우니 훈련을 거듭해서 단련하는 방법밖에 없었다.

물 요소가 두드러진 몸의 12부분도 몸 안의 부분은 44가지 요소가 되고, 피부에 흐르는 요소는 마음과 온도에서 생긴 영양 팔 원소 깔라빠이므로 16요소이고, 고름과 오줌은 온도생성 영양 팔 원소 깔라빠이다.

44가지 요소인 부분은 담즙, 가래, 피, 체지방, 관절 액이고, 16요소인 부분은 땀, 눈물, 침, 콧물, 피부의 기름기이며, 8요소인 부분은 고름, 오줌이다. 각 깔라빠를 식별하고 증식하는 것을 관찰했으며 밖으로도 같은 방법으로 실습했다.

(3) 불의 요소가 두드러진 4부분

"불의 요소가 두드러진 것은 몸의 특정부분이 없다. 네 가지 불의 요소가 두드러진 부분은 몸을 따뜻하게 하는 열, 성숙시키는 열, 병의 열, 소화 열이다. 몸을 따뜻하게 하는 열을 식별하기 위해 몸의 어느 부분인가 따뜻이 하는 곳을 찾아야 한다. 그곳의 열에 집중하여 불요소가 두드러진 네 종류의 깔라빠를 관찰한다. 마음, 온도, 음식에서 생성된 세 종류의 영양 팔 원소 깔라빠와 생명 구 원소 깔라빠를 식별해서 33가지 요소를 보아야 한다. 성숙시키는 열은 나이 들면서 성숙하게 하는 열이다. 이 열을 식별하기 위해 어릴 때 몸으로 주의를 보내 두드러진 열에서 네 종류의 깔라빠들을 찾아 33가지 요소를 식별해야 한다. 병이 났을 때의 열은 아팠을 때의 몸으로 주의를 보내서 불의 요소가 두드러진 부분에서 네 가지 깔라빠의 33가지 요소를 식별하면 된다. 소화 열은 온몸에 퍼져 있다. 온몸에서 생명 구 원소 깔라빠의 불요소인 소화 열이 다른 깔라빠에 지원을 하여 증식을 도와준다. 음식생성 영양 팔 원소 깔라빠와 만날 때 영양 팔 원소 깔라빠를 여러 번 생성한다. 온몸에서 식별하고, 밖으로도 해라."

1) 몸을 따뜻하게 하는 열을 식별하기 위해 몸에 주의를 기우리고 따뜻하게 열을 내는 부분을 찾으니 목과 어깨 부위에서 따뜻한 느낌을 감지할 수 있었다. 이 열에 집중하여 네 종류의 깔라빠 즉 마음, 온도, 음식 생성 영양 팔 원소 깔라빠와 생명 구 원소 깔라빠를 보고 33요소를 식별했다.

2) 성숙하는 열은 어릴 때의 몸으로 주의를 보내서 열이 두드러졌던 곳을 찾았다. 사과처럼 붉었던 볼에서 나는 열을 보고 네 종류의 깔라빠에 33요소를 식별했다.

3) 병이 났을 때의 열은 감기기가 떨어지지 않고 늘 붙어 다니는 머리의 미열에서 네 종류의 깔라빠를 찾아 33요소를 식별했다.

4) 소화 열은 온몸에서 다른 깔라빠를 지원해서 증식을 일으키는 것을 식별했다.

옆 사람을 대상으로 불의 요소가 두드러진 네 종류의 깔라빠에 33요소를 내 몸에서와 같은 방법으로 실습을 했다.

(4) 바람요소가 두드러진 6부분

"올라가는 공기, 내려가는 공기, 내장 밖 공기, 내장 안 공기, 온몸으로 퍼지는 공기, 들숨 날숨소리까지 식별해라. 밖으로도 해라."

1) 올라가는 공기는 날숨을 쉴 때 정수리에 미는 바람의 움직임에서 바람의 요소가 두드러진 부분을 찾았다. 마음, 온도, 음식에서 생성된 영양 팔 원소 깔라빠와 생명 구 원소 깔라빠에서 33가지 요소를 식별했다. 모두 불투명 깔라빠이며, 숨을 내쉴 때마다 증가했다.

2) 내려가는 공기는 들숨을 쉴 때 이마 중앙에 물결이 일어나듯 움직이는 바람의 요소에서 깔라빠를 식별했다. 날숨과 같이 33가지 요소를 식별했으며, 숨을 들이쉴 때마다 증가했다.

3) 내장 밖 배속 공기는 장기 사이의 공간에서 보았다. 그림자 같은 무더기에서 바람의 요소가 두드러진 깔라빠를 보고 역시 33가지 요소를 식별했다.

4) 내장 안 공기는 장내에서 식별되었다. 트림으로 나오려는 공기에서 바람의 요소가 두드러진 깔라빠를 식별했다. 역시 33가지 요소를 식별했다.

5) 온몸으로 퍼지는 공기는 숨을 내쉴 때 팔 다리로 퍼지는 공기에서 보았다. 손바닥에 집중해서 숨을 내쉴 때 퍼지는 공기에서 바람의 요소가 두드러진 깔라빠를 식별했다. 역시 33가지 요소를 식별했다.

6) 들숨날숨의 소리는 기관지로 지나가는 공기에서 식별했다. 아나빠나 니밋따의 마음생성 깔라빠들이 심장토대에서 일어나 숨관으로 들고날 때 일어나는 소리에서 바람의 요소가 두드러진 깔라빠를 식별했다. 마음생성 영양 팔 원소 깔라빠만 식별됐다.

여섯 가지 바람의 요소가 두드러진 부분의 깔라빠들에 대한 식별을 내 몸에서 한 것과 같이 옆에 있는 수행자를 대상으로도 식별했다.

5. 기본물질과 추상물질을 식별하다

구체적인 물질은 근본물질인 사대요소와 파생물질로써 색깔, 소리, 냄새, 맛, 영양소, 생명기능, 심장물질과 다섯 가지 반투명 감성물질, 그리고 두 가지 성 물질을 합치면 18가지가 된다. 추상적인 물질은 10가지다. 공간의 요소, 몸의 암시, 말의 암시, 물질의 가벼움, 물질의 부드러움, 물질의 적합함, 생성, 상속(지속), 쇠퇴, 무상함이다. 이렇게 해서 물질은 근본물질 4가지와 파생물질 24가지를 합치면 28가지 유형이 된다.

"마음생성 물질 여덟 가지, 온도생성 물질 네 가지, 음식생성 물질 두 가지를 기본 8원소와 추상물질을 식별해라. 안으로 하고 밖으로도 식별해라."

(1) 마음에서 생긴 물질 8가지
1) 손가락을 까닥거려서 마음생성 영양 팔 원소 깔라빠를 식별했다.

2) 마음생성 기본 8원소와 몸의 암시를 식별했다. 마음에서 생긴 바람요소가 의도를 몸에 전달하여 몸의 행동이 일어남을 식별했다.

3) 마음생성 기본 8원소와 추상 물질인 가벼움, 부드러움, 적합함을 더한 11가지 요소를 식별했다. 가벼움은 신속하게 변화하는 역할을 하는 가벼운 물질이며, 부드러움은 뻣뻣하지 않고 어떤 행위이거나 거역하지 않고 유연성과 순응성을 지닌 부드러운 물질이고, 적합함은 몸의 행위와 조화를 이루며 다루기 쉬운 물질이다.

4) 마음생성 기본 8원소와 가벼움, 부드러움, 적합함과 몸 암시를 더한 12가지 요소를 함께 식별했다.

5) 마음생성 기본 8원소와 말 암시, 소리를 더한 10가지 요소를 식별했다. 말 암시는 마음에서 생긴 땅의 요소가 성대의 업에서 생긴 땅의 요소에 부딪쳐 소리가 나는 원인으로 말하는 소리를 통해 의도를 알리는 것을 식별했다.

6) 마음생성 기본 8원소와 말 암시, 소리, 가벼움, 부드러움, 적합함을 더한 13가지 요소를 식별했다. 소리가 의도대로 가벼우며 부드럽고 적합한 것을 식별했다.

7) 마음생성 기본 8원소와 소리를 더해 9가지 요소를 식별했다. 소리는 들숨날숨의 바람요소, 깔라빠의 움직임에서 나는 미세한 소리를 식별했다.

8) 마음생성 기본 8원소와 소리, 가벼움, 부드러움, 적합함을 더해 12가지 요소를 식별했다.

(2) 온도에서 생긴 물질 4가지

1) 온도생성 영양 팔 원소 깔라빠를 식별했다.

2) 온도생성 기본 8원소에 소리를 더해 9가지 요소를 식별했다. 위장에서 나는 꾸르륵하는 소리, 바람소리, 잎이 흔들리는 소리, 물소리 등 온도에서 생성된 소리를 식별했다.

3) 온도생성 기본 8원소와 가벼움, 부드러움, 적합함을 더한 11가지 요소를 식별했다. 이 요소들은 무정물을 대상으로는 식별이 불가능하고 생명이 있는 존재라야 식별할 수 있다.

4) 온도생성 기본 8원소에 가벼움, 부드러움, 적합함, 소리를 더해 12가지 요소를 식별했다.

(3) 음식에서 생긴 물질 2가지

  1) 음식생성 영양 팔 원소 깔라빠를 식별했다.

  2) 음식생성 기본 8원소에 가벼움, 부드러움, 적합함을 더해 11가지 요소를 식별했다.

음식 종류에 따라 식별이 달랐다. 좋은 음식을 식별했을 때는 가벼움, 부드러움, 적합함이 일어나고, 몸에 맞지 않는 음식에는 일어나지 않았다. 이와 같이 안으로 식별을 하고 밖으로도 식별을 했다.

6. 한눈에 보기

"여섯 감각기관의 모든 요소들을 한눈에 보고 또 몸의 42부분을 한눈에 봐라. 모든 요소를 한꺼번에 보는 것이 중요하다. 경행을 하면서도 수행해라. 안전한 장소를 확보해서 눈감고 집중해서 사대를 식별하여 깔라빠가 나타나면 여섯 문과 몸의 42부분에 일어나고 사라지는 물질을 한눈에 봐라. 그러면서 이렇게 생각해라. '이것이 물질이다. 이것이 물질의 법이다. 여자, 남자, 브라만, 존재도 없다. 단지 물질만 있을 뿐이다.' 안팎으로 해라."

눈을 감으면 깔라빠가 시계에 가득히 선명하게 보였다. 눈을 떠도 깔라빠가 보였다. 하늘을 보아도 깔라빠가 보이고, 어떤 곳을 봐도 깔라빠가 보였다. 사람을 봐도 우선 깔라빠가 먼저 보이고, 불상을 봐도 그 형태보다 깔라빠가 우선 보였다. 모든 공간과 존재가 깔라빠로 보였다.

이런 현상을 인터뷰를 하면서 보고했다.

"눈, 귀, 코, 혀, 심장에서 각각 7가지 깔라빠들과 몸의 42부분에서 깔라빠들이 일어나고 사라지는 것을 한눈에 보았습니다. 경행하면서도 했고 안팎으로도 했습니다. 모든 존재가 깔라빠일 뿐이라는 것을 알았습니다. 여자, 남자, 부자도 없습니다. 단지 깔라빠들이 일어나서 증식하고 사라지는 것을 보며, '이것이 물질이다, 물질의 법이다, 모든 존재가 물질일 뿐이다.'라는 생각을 했습니다. 찰라에 생멸하는 물질의 법을 보고 무상함을 알게 되었습니다. 스님도 깔라빠로 보입니다."

"Good!"

3장

정신을 식별하다

정신은 마음(citta)과 마음부수(cetasika)로 이루어진다. 마음은 대상을 아는 것이고, 그 마음과 더불어 일어나는 것이 마음부수다. 마음은 89가지가 있고, 마음부수에는 52가지가 있다.

정신은 정신과정이라는 마음의 법칙에 따라 일어난다. 정신을 식별하려면 이 고정불변의 자연법칙에 따라 식별해야 한다. 정신과정에는 여섯 가지 유형이 있다. 처음 다섯은 눈, 귀, 코, 혀, 몸의 다섯 문에서 일어나는 정신과정이다. 각각 대상은 형상, 소리, 냄새, 맛, 감촉이다. 이것들을 오문(五門) 정신과정이라 부른다. 여섯 번째 유형은 모든 오문의 대상과 마음을 대상으로 삼는 마음의 문인데 의문(意門) 정신과정이라 부른다.

이 여섯 가지 정신과정 중에서 먼저 의문 정신과정을 식별하는 것이 더 쉽다. 왜냐하면 그 정신과정에서는 마음의 가짓수가 적기 때문이다. 그리고 사마타 수행을 하면서 선정의 마음 다섯 각지를 식별해봤으므로 이미 마음부수를 식별해 본 경험이 있다.

1. 선정의 정신을 식별하다

(1) 초선정 자와나의 마음

"초선정에 들었다 나와 바왕가와 빠띠바가 니밋따를 함께 보며 선정의 다섯 각지에 해당하는 심리현상들을 식별해라. 초선정 각지를 하나씩 식별하고 한꺼번에 식별하도록 수행해라. 그런 다음 먼저 알음알이, 감각접촉, 느낌 순으로 심리현상을 한 번에 하나씩 덧붙이면서 식별해라. 처음에는 한 가지 심리현상을 식별한 다음 하나를 더하면 둘을 한꺼번에 보게 되고, 하나를 더하면 셋, 또 하나를 더하면 넷을 한꺼번에 보게 된다. 이런 식으로 계속해 나가서 초선정 자와나(속행) 각각에서 34가지 심리현상 모두를 식별해야 한다."

초선정 자와나 마음의 34가지 심리현상을 하나씩 식별을 해서 덧붙이면서 순서대로 식별하는 연습을 거듭해서 숙달했다. 마음 1개와 마음부수 33개를 바왕가의 파동에서 알 수 있게 되었다.

　1) 마음(citta)

　2) 감각접촉(phassa)

　3) 느낌(vedana)

　4) 인식(saññā)

　5) 의도(cetanā)

　6) 집중(ekaggatā)

　7) 생명기능(jīvitindriya)

　8) 주의력(manasikāra)

　9) 일으킨 생각(vitakka)

　10) 지속적 고찰(vicāra)

11) 결정(adhimokkha)

12) 정진(viriya)

13) 희열(pīti)

14) 열의(chanda)

15) 믿음(saddhā)

16) 마음챙김(sati)

17) 양심(hiri)

18) 수치심(ottapa)

19) 탐욕없음(alobha)

20) 성냄없음(adosa)

21) 중립(tatramajjhattatā)

22) (정신적) 몸의 경안(kāya passaddhi)

23) 마음의 경안(citta passaddhi)

24) (정신적) 몸의 가벼움(kāya lahutā)

25) 마음의 가벼움(citta lahutā)

26) (정신적) 몸의 부드러움(kāya mudutā)

27) 마음의 부드러움(citta mudutā)

28) (정신적) 몸의 적합함(kāya kammaññatā)

29) 마음의 적합함(citta kammaññatā)

30) (정신적) 몸의 능숙함(kāya pāguññatā)

31) 마음의 능숙함(citta pāguññatā)

32) (정신적) 몸의 올곧음(kāya ujukatā)

33) 마음의 올곧음(citta ujukatā)

34) 지혜(paññindriya)

(2) 초선정 의문 정신과정

"초선정의 의문 정신과정을 이루는 여섯 가지 마음에 들어있는 심리현상 유형들을 모두 식별해라."

초선정에 들었다 나온 다음 바왕가와 빠띠바가 니밋따를 함께 식별한다. 니밋따가 바왕가에 나타나면 막 나온 선정의 의문 정신과정이 일어난다. 이 때 여섯 가지 마음을 순서대로 한 가지씩 포착해서 바왕가의 진동으로 심리 현상들을 식별해야 된다.

1) 의문 전향 : 12가지 심리현상

2) 준비 : 34가지 심리현상

3) 근접 : 34가지 심리현상

4) 수순 : 34가지 심리현상

5) 종성 : 34가지 심리현상

6) 선정 자와나의 끊임없는 이어짐 : 34가지 심리현상

심리현상 34가지들은 이미 식별한 것들이고, 12가지 심리현상은 34가지 심리현상 중 12번째까지 일어나는 심리현상이다. 선정의 정신과정에서는 등록이 일어나지 않는다.

(3) 다른 선정의 정신

"아나빠나 이선정, 삼선정, 사선정도 의문 정신과정을 식별하고, 사마타명상에서 얻은 모든 선정을 다 식별해라."

식별해야 할 선정은 초선정 의문전향 12가지 심리현상과 선정자와나 34가

지 심리현상, 이선정 자와나에서는 일으킨 생각과 지속적 고찰이 없는 32가지 심리현상, 삼선정 자와나에서는 기쁨이 제거된 31가지 심리현상, 사선정 자와나에서는 행복이 평온으로 대치된 31가지 심리현상을 식별해야 된다.

사마타 수행으로 얻은 선정들을 다음과 같이 식별한다.

1) 호흡 명상 : 초선정, 이선정, 삼선정, 사선정

2) 뼈에 대한 명상 : 초선정

3) 까시나 명상 : 초선정, 이선정, 삼선정, 사선정

4) 무색계 선정 : 허공 까시나를 제외한 나머지 9개 까시나는 공무변처, 식무변처, 무소유처, 비상비비상처까지 식별한다. 무색계 선정의 심리현상은 사선정과 같이 31가지 심리현상이다. 무색계 사선정은 고요하고 미세해서 심리현상이 있는지 없는지 식별하기 어려운 심리상태이므로 더욱 주의를 기울여 집중해야 한다.

5) 거룩한 마음가짐 : 자애, 연민, 같이 기뻐함은 초선정, 이선정, 삼선정까지 있으며, 각 무량심의 심리현상을 추가하여 초선정은 35가지, 이선정은 33가지, 삼선정은 32가지가 된다. 평온의 마음은 사선정까지이며, 삼선정의 행복이 평온으로 바뀐 32가지 심리현상을 식별한다.

6) 혐오스러움에 대한 명상 : 초선정

2. 욕계의 정신을 식별하다

선정의 정신과정은 색계 또는 무색계 의문 정신과정이므로 언제나 유익할 뿐 해로운 경우는 없다. 욕계 정신과정은 유익하거나 해롭거나 둘 중의 하나다. 그

정신과정은 현명한 주의력 아니면 어리석은 주의력에 의존한다. 어떤 주의력에 의존하는가에 따라 욕계의 마음은 유익하기도 하고 해로워지기도 한다.

욕계 정신과정에서 유익하고 현명한 주의력을 가지려면 반드시 마음챙김 (sati)이 있어야 한다. 어떤 대상을 보고 그것을 정신과 물질, 원인과 결과, 무상, 괴로움, 무아, 또는 혐오스러움이라고 마음을 챙겨 안다면 그때 주의력은 현명하고 자와나 마음은 유익하다. 그래서 선심 (kusala)이라고 한다.

어떤 대상을 보고 습관대로 사람, 남자, 여자, 존재, 금, 돈 등과 같은 개념으로 여기거나 그 대상을 영속성, 행복, 자아 등으로 여긴다면 그때 주의력은 어리석고 자와나 마음은 해롭다. 그래서 불 선심(akusala)이라고 한다.

(1) 의문 정신과정

"욕계 정신과정을 식별하려면 마음의 가짓수가 적은 의문 정신과정부터 시작한다. 욕계의 의문 정신과정은 연속된 세 가지 마음으로 이루어진다. 의문전향의 마음 하나, 자와나 마음 일곱, 등록 마음 둘이다. 먼저 바왕가를 식별한 다음 눈 반투명물질을 식별해서 바왕가에 눈 반투명물질이 나타나면, '이것이 눈 반투명물질이다, 이것이 물질이다, 이것이 무상이다, 이것이 괴로움이다, 이것이 무아다, 이것은 더럽다.'라고 인지한다. 그러면 현명한 주의력으로 의문 정신과정이 일어난다. 선정 의문 정신과정에서와 같이 심리현상을 식별한다. 물질을 식별할 때 점검했던 구체적 물질유형과 추상적 물질유형 하나하나를 보면서 일어나는 의문 정신과정을 이런 방식으로 식별해라."

욕계의 의문 정신과정은 10개 심찰라로 일어난다. 의문전향이 한번 일어나고 자와나 마음이 일곱 번, 등록 마음이 두 번 일어난다. 희열과 지혜가 있으면 34가지 심리현상이 일어나고, 희열이나 지혜 가운데 한 가지만 있으면 33

가지 심리현상이 일어나며, 희열과 지혜 모두 없으면 32가지 심리현상이 일어난다. 등록은 자와나가 약하면 일어나지 않을 때도 있다. 그래서 등록은 일어나는 대로 식별하면 된다.

1) 구체적인 물질을 대상으로 식별

바왕가에 식별할 물질이 나타나면 의문 정신과정 12가지 심리현상이 일어나는데, 이 과정에서 현명한 주의력으로 유익한 결정을 해야 한다. 이때 마음과 마음부수를 식별하면서 눈 반투명물질일 경우 현명한 주의력을 다음과 같이 여섯 가지로 인지해야 된다.

① 눈 반투명물질이라고 결정한다.

② 눈 반투명물질을 단지 물질이라고 결정한다.

③ 눈 반투명물질이 일어나고 사라짐을 대상으로 택해서 무상한 것으로 식별한다.

④ 눈 반투명물질이 끝없이 일어나고 사라짐으로 마음을 압박하는 본성을 택해서 괴로움이라고 식별한다.

⑤ 눈 반투명물질이 파기할 수 없는 본질이나 영혼이 존재하지 않음을 대상으로 무아라고 식별한다.

⑥ 눈 반투명물질의 나쁜 냄새와 같은 혐오감을 대상으로 택해서 더럽다고 식별한다.

2) 구체적인 물질의 종류

이와 같이 6가지로 아는 마음과 마음부수로 식별해야 할 담마라인(Dhammārammana Line)의 구체적인 물질은 10가지다.

① 눈 반투명물질

② 귀 반투명물질

③ 코 반투명물질

④ 혀 반투명물질

⑤ 몸 반투명물질

⑥ 물의 요소

⑦ 성 물질

⑧ 심장토대 물질

⑨ 생명 물질

⑩ 영양소

3) 추상적인 물질을 대상으로 식별

추상적인 물질은 3가지 특성으로 관찰하는 위빠사나 명상의 대상이 아니다. 추상적인 물질을 무상하다고 명상할 수는 있지만, 그것을 무상으로 관찰하는 위빠사나 인식과정이 일어날 수는 없다. 괴로움과 무아에서도 이와 같다. 그래서 추상적인 물질에서는 오직 2가지 방법으로 명상해야 한다.

① 추상적인 물질이 허공요소일 경우 단지 '허공요소'라고 명상한다. 지혜와 희열이 있고 없는 것을 번갈아 하면서, '허공요소'를 아는 마음과 마음부수를 식별한다.

② 추상적인 물질을 단지 '물질현상'이라고 명상한다. 지혜와 희열이 있고 없는 것을 번갈아 하면서 '물질현상'이라고 아는 마음과 마음부수를 식별한다.

4) 추상적인 물질의 종류

이와 같이 2가지로 아는 마음과 마음부수로 식별해야 할 담마라인의 추상적인 물질도 10가지다.

① 허공요소

② 몸의 암시

③ 말의 암시

④ 물질의 가벼움

⑤ 물질의 부드러움

⑥ 물질의 적합함

⑦ 생성

⑧ 상속

⑨ 쇠퇴

⑩ 무상함

생성은 연기 수행으로 재생연결에서 정신과 물질을 식별할 수 있는 사람만이 식별해야 한다. 이와 같이 물질을 대상으로 10개 심찰라 의문 정신과정을 차근차근 식별하여 분명하게 심리현상들을 알 수 있게 되었고 전체를 한꺼번에 보는 연습도 했다.

너무 많은 것을 식별한 바왕가가 지쳐서 좀 쉬어야 할 것 같았다. 나의 지친 모습을 보고 사야도는 주먹을 불끈 쥐어 보이면서, '더 나갈 수 없는 데서 한 걸음 더 나가야 진정한 향상'이라고 하면서 참고 계속하도록 독려해주셨다.

(2) 오문 정신과정

"안문에서부터 오문 정신과정을 식별해라. 먼저 눈 반투명물질을 식별하고 나서 바왕가를 식별한 다음 이어서 둘을 한꺼번에 식별한다. 그런 다음 가까이 있는 한 무리의 깔라빠들의 색깔이 안문과 의문에 동시에 나타나는 것에 집중한 채 '이것은 색깔이다.' 등 6가지 현명한 주의력을 가지고 인식한다. 그러면 안문 정신과정이 먼저 일어나고 뒤이어 여러 의문 정신과정이 안문 정신과정과 같은 대상을 가지고 자연법칙의 순서에 따라 일어날 것이다. 안문 정신과정은 연속된 일곱 가지 마음으로 이루어진다. 오문전향 11가지 심리현상, 안식 8가지 심리현상, 받아들임 11가지 심리현상, 조사 11 또는 12가지 심리현상, 결정 12가지 심리현상, 자와나 마음 일곱 번 일어나는데, 유익한 마음이면 35, 34, 33, 32가지 중 한 가지 심리현상이고, 해로운 마음이면 16, 18, 19, 20, 22가지 중 한 가지 심리현상이다. 등록 마음 두 번은 자와나의 심리현상과 같이 일어난다. 이렇게 오문 정신과정이 일어난 뒤 의문 정신과정 세 가지 마음(의문전향, 자와나, 등록)이 일어난다. 이전에 했던 방법과 같이 각 마음에서 여러 심리현상을 모두 알 때까지 한 번에 하나씩 덧붙여 나가서 심리현상을 모두 식별해라. 귀, 코, 혀, 몸의 문에서도 눈의 문에서처럼 정신과정을 식별해라."

오문(눈, 귀, 코, 혀, 몸) 정신과정의 절차는 정신의 자연법칙에 따라 모두 동일하다. 오문 정신과정은 대상을 단지 색깔 등이 있다는 것만 인지할 뿐 대상을 알지는 못한다. 색깔과 대상을 아는 것은 네 번째 자와나 및 뒤이은 정신과정들에서 일어난다.

1) 오문전향의 11가지 심리현상은 앞에서 설명한 초선정의 심리현상에서 ⑪ 결정까지가 일어나는 것과 같다.

2) 안식 8가지는 오문전향의 심리현상과 같은 순으로 ⑧ 주의력까지다.

3) 받아들임 11가지는 오문전향과 같다.

4) 조사의 11가지는 오문전향과 같으며, 12가지일 때는 희열이 있을 경우이다.

5) 결정의 12가지는 오문전향과 같이 11가지 다음에 ⑫ 정진이 추가된다.

6) 자와나와 등록의 심리현상은 초선정의 심리현상에서 일어났던 34가지와 같이 순서대로 일어나며, 그보다 더 일어나는 심리현상은 그 수만큼 추가하게

된다. 35가지 심리현상은 초선정의 것과 같은 34가지에 무량심의 연민, 같이 기뻐함과 절제의 바른 말, 바른 행위, 바른 생계 중 한 가지가 추가된 것이다.

　7) 의문전향은 결정과 같다.

　이런 자연법칙에 따라 일어나는 심리현상들을 여섯 문의 대상에서 식별하는 연습을 거듭했다. 담마라인에서 체득한 명상들을 대상으로 의문 정신과정을 식별하고, 오문에서 유익한 그룹 심리현상들을 식별했다. 실재로 수행을 해서 체득해야만 분명히 알 수 있는 경험들이었다.

(3) 10가지 족쇄가 일어남을 식별하다

　"눈 반투명물질과 바왕가를 함께 보면서 원하는 형상(색깔)을 선택한다. 이 형상이 눈 반투명물질과 바왕가에 동시에 나타날 때 안문 정신과정과 의문 정신과정이 일어난다. 정신과정의 결정과 의문전향이 형상을 항상 하고, 즐겁고, 자아가 있는 것으로 주의를 돌린다. 이때 어리석은 주의력이므로 탐욕-사견이 포함된 해로운 자와나가 일어난다. 즐거운 느낌이 있으면 희열이 포함되며, 조사와 등록에도 그대로 포함된다. 평온한 느낌이 있으면 희열이 제거된다. 자극을 받았으면 해태와 졸음이 있고, 자극을 받지 않았다면 해태와 졸음이 없다. 열 가지 족쇄의 마음을 일으켜 그 심리현상들을 식별해라."

　물질 28가지 중에서 형상을 대상으로 10가지 족쇄의 일어남을 이해하면, 나머지 27가지 물질과 함께하는 10가지 족쇄의 일어남도 그와 같이 명상할 수 있다. 먼저 형상을 대상으로 10가지 족쇄가 일어남을 식별했다.

　1) 감각적 욕망(kāma-rāga)

　형상을 아름답고 즐거운 것으로 보면 매우 기뻐하는 인식과정에 감각적 욕망의 족쇄가 일어난다. 심리현상은 탐욕-사견 그룹으로 자와나에 희열이 있으면 20가지, 희열이 없으면 19가지가 된다. 거기에 추가해서 해태와 졸음이 있을 경우는 22가지가 되고, 그 중 한 가지만 있으면 21가지 심리현상이 된다.

탐욕-사견 그룹의 20가지 심리현상은 마음과 공통적으로 일어나는 13가지(반드시들7+때때로들6=13) 마음부수에 해로운 마음에 공통적으로 일어나는 마음부수 4가지와 탐욕과 사견을 합한 것이다. 해로운 마음에 공통으로 일어나는 심리현상은 어리석음, 양심 없음, 수치심 없음, 들뜸이다. 그러므로 해로운 마음에는 공통적으로 18가지(1+13+4=18) 심리현상들이 있다.

① 마음(citta)

② 감각접촉(phassa)

③ 느낌(vedana)

④ 인식(saññā)

⑤ 의도(cetanā)

⑥ 집중(ekaggatā)

⑦ 생명기능(jīvitindriya)

⑧ 주의력(manasikāra)

⑨ 일으킨 생각(vitakka)

⑩ 지속적 고찰(vicāra)

⑪ 결정(adhimokkha)

⑫ 정진(viriya)

⑬ 희열(pīti)

⑭ 열의(chanda)

⑮ 어리석음(moha)

⑯ 양심 없음(ahirika)

⑰ 수치심 없음(anottappa)

⑱ 들뜸(uddhacca)

여기에 탐욕과 사견이 더해져 20가지 심리현상이 되었다.

⑲ 탐욕(lobha)

⑳ 사견(diṭṭhi)

여기서 희열이 없을 경우 한 가지가 줄어들고, 해태와 졸음이 있으면 한 가지 또는 두 가지가 늘어난다.

2) 존재에 대한 욕망(bhava rāga)

인간의 복을 타고난 삶이므로 존재에 대한 욕망의 형상은 쉽게 얻을 수 있다. 복을 타고난 삶에 대한 열망이 있다면, 거기서 존재에 대한 욕망이 일어난다. 심리현상은 탐욕-사견 그룹으로 감각적 욕망과 같다.

3) 계율과 의식에 대한 집착(sīlabbataparāmāsa)

잘못된 계율과 의식을 행함으로써 이 형상을 얻을 수 있다는 생각으로 수행을 하면 이 족쇄가 일어난다. 심리현상은 역시 탐욕-사견 그룹과 같다.

4) 자만(māna)

'오직 나만이 그 형상 깔라빠를 식별할 수 있다.'라고 자신에 대한 자부심이 있다면 자만의 족쇄가 일어난다. 심리현상은 탐욕-자만 그룹으로 탐욕-사견 그룹과 같으며 사견을 자만으로 바꾸기만 하면 된다.

5) 적의(paṭigha)

원하지 않은 형상에 대해 화가 난다면 적의의 족쇄가 일어난다. 심리현상은 성냄 그룹의 18가지다. 성냄 그룹에는 희열이 일어나지 않는다. 해태와 졸음이 있는 경우는 20가지 또는 19가지의 심리현상이 된다.

6) 질투(issā)

'나 외에는 아무도 이 형상을 얻지 않았으면 좋겠다.'라고 생각한다면 질투의 족쇄가 일어난다. 심리현상은 성냄-질투 그룹의 19가지고, 해태와 졸음이 있으면 20가지 또는 21가지가 된다.

7) 인색(macchariya)

자신이 얻은 형상을 다른 이들에게 알려 주지 않음으로써 인색의 족쇄가 일어난다. 심리현상은 성냄-인색 그룹의 자와나에 19가지이고, 해태와 졸음이 있으면 20가지 또는 21가지가 된다.

8-1) 후회(kukkucca)

두 가지 후회가 있다.

   ① 형상과 관련된 잘못된 행위를 함으로써 후회하는 마음이 있을 때
   ② 과거 선한 행위를 하지 못한 형상을 대상으로 후회하는 마음이 있을 때, 이 두 가지 후회하는 마음일 때 후회의 족쇄가 일어난다. 심리현상은 성냄-후회 그룹 자와나의 19가지이고, 해태와 졸음이 있으면 20가지 또는 21가지가 된다.

8-2)들뜸(uddhacca)

형상을 대상으로 마음이 방황한다면 그것은 들뜸이다. 심리현상은 들뜸 그룹으로 16가지가 일어난다. 해로운 마음에 공통적으로 일어나는 심리현상 18가지 중에서 희열과 열의가 제외되었다.

9) 의심(vicikicchā)

유정이나 영혼의 형상에 대해 의심이 있는 인식과정에 의심의 족쇄가 일어난다. 의심 그룹의 자와나에 16가지 심리현상이 일어난다. 해로운 마음에 공통적으로 일어나는 심리현상 18가지 중에서 결정, 희열과 열의가 제외되고 의심이 추가되었다.

10) 무명(avijjā)

위의 족쇄들이 일어날 때 무명(어리석음)이 함께 한다. 어리석음은 위의 모든 족쇄에 함께 일어난다.

(4) 해로운 그룹의 정신을 식별하다

해로운 그룹(akusala group)의 마음식별은 오문 정신과정과 의문 정신과정의 결정과 의문전향에 어리석은 주의력으로 해로운 자와나가 일어나면 해로운 심리현상이 일어난다. 그 다음 진행되는 정신과정들은 유익한 그룹의 식별 때처럼 적용하면 된다.

해로운 마음에 공통으로 일어나는 마음부수는 모든 해로운 마음과 연결되어 일어난다. 거기에는 어리석음, 양심 없음, 수치심 없음, 들뜸, 이 네 가지 마음부수가 항상 함께한다.

가사를 대상으로 새 옷이라고 기쁜 마음을 내어서 탐욕-사견을 식별해보고, 성나게 만드는 사람을 떠올려 성냄을, 나보다 나은 사람을 대상으로 질투를, 지난 일을 후회도 해보고, 이 수행에 대해 의심을 하는 등, 각 족쇄에 따른 대상을 선택하고 해로운 마음을 일으켜 심리현상들을 식별했다.

형상을 대상으로 족쇄가 일어남을 식별한 것처럼 소리, 냄새, 맛 라인에서도 각각 귀, 코, 혀의 반투명요소와 바왕가 마음 불투명요소를 함께 식별하고, 원하는 것이든 원하지 않는 것이든 그것을 대상으로 택한다. 그러면 현명한 주의력인가 어리석은 주의력인가에 따라 유익한 자와나와 해로운 자와나가 포함된 감각의 문 정신과정과 의문 정신과정이 일어난다.

감촉라인은 몸 반투명요소와 바왕가 마음 불투명요소를 함께 식별하고서 원하는 것이든 원하지 않는 것이든 깔라빠의 감촉을 대상으로 택한다. 이 경우 땅의 요소를 대상으로 취해서 유익한 그룹과 해로운 그룹을 식별한다. 다음에 불의 요소를 대상으로 택해서 유익한 그룹과 해로운 그룹을 식별한다. 그리고 바람의 요소를 취해서 유익한 그룹과 해로운 그룹을 식별한다. 이때, 세 가지 땅, 불, 바람의 감촉을 나누어서 식별해야 된다.

담마라인에서 물질을 대상으로 하는 해로운 정신을 식별하는 것은 오문 정신과정과 의문 정신과정에서 의문전향의 결정에 어리석은 주의력으로 해로운 자와나가 일어남을 식별하면 된다. 즐거운 느낌이 있으면 희열이 포함되고, 자극 받았느냐에 따라 해태와 졸음이 있고 없는 경우를 식별하면 된다.

(5) 정신과 물질을 구분하다

"물질과 정신을 감각 장소와 문에 따라 식별하며 구체적 물질과 추상적 물질을 함께 식별하고, 물질과 정신을 구분해서 식별해라. 정신은 토대물질에 의지해서 일어난다. 정신과 물질을 6문의 모든 심찰라에서 식별해라."

물질과 정신을 감각장소와 문에 따라 함께 식별하면 된다. 토대에서 구체적인 물질을 대상으로 할 때 추상적인 물질도 함께 식별하고, 토대에 의지해서 일어나는 정신을 식별하면 된다.

예를 들면 안문 정신과정에서 식별해야 하는 물질과 정신은 다음과 같다.

1) 오문전향 : 심장에서 63가지 토대와 형상(색깔)은 물질이고, 11가지 마음과 마음부수, 즉 심리현상은 정신이다.

2) 안식 : 눈에서 63가지 토대와 형상은 물질이고, 8가지 심리현상은 정신이다.

3) 받아들임 : 심장에서 63가지 토대와 형상은 물질이고, 11가지 심리현상은 정신이다.

4) 조사 : 심장에서 63가지 토대와 형상은 물질이고, 11(12)가지 심리현상은 정신이다.

5) 결정 : 심장에서 63가지 토대와 형상은 물질이고, 12가지 심리현상은 정신이다.

6) 자와나 7번 : 심장에서 63가지 토대와 형상은 물질이고, 34(33, 32)가지 심리현상은 정신이다.

7) 등록 2번 : 심장에서 63가지 토대와 형상은 물질이고, 34(33, 32)가지 심리현상은 정신이다.

8) 바왕가 : 심장에서 63가지 토대와 형상은 물질이고, 34가지 심리현상은 정신이다.

9) 의문전향 : 심장에서 63가지 토대와 형상은 물질이고, 12가지 심리현상은 정신이다.

이와 같은 방법으로 6문에서 물질과 정신을 식별했다. 이 물질과 정신을 대상으로 수행을 하면서 '사람, 존재, 영혼, 자아라는 것은 없고 오직 정신과 물질의 그룹일 뿐이다.'라고 알게 되었다.

(6) 밖으로 정신과 물질을 식별하다

"밖으로 가사, 마루, 나무, 동물도 식별하고, 범위를 확대하여 자애 수행할 때와 같이 우주까지 확장하여 안팎으로 각문의 업, 마음, 온도, 음식에서 생긴 모든 깔라빠에서 물질과 정신을 식별해라."

외부의 정신을 식별하기 위해서는 먼저 외부의 물질을 식별해야 한다.

1) 먼저 안으로 사대요소를 식별한 다음 입고 있는 옷에서 밖으로 사대요소를 식별한다. 그러면 입고 있는 옷이 깔라빠들로 쪼개지는 것을 보면 더 이

상 옷을 보지 않고 깔라빠를 식별한다. 각 깔라빠에 있는 8가지 물질을 보고 온도생성 영양 팔 원소 깔라빠들임을 확인한다. 안팎으로 서너 번씩 물질을 식별한다.

2) 삼매의 빛을 이용해서 조금 더 떨어져 있는 마루의 물질을 식별한다. 마루에서도 깔라빠를 보고 8가지 물질을 안팎으로 서너 번씩 식별한다.

3) 점점 범위를 넓혀 건물, 나무, 물, 땅 등 모든 무정의 물질을 식별한다.

4) 무정의 물질을 모두 식별한 다음 살아있는 존재들의 물질을 식별한다. 즉 마음을 가진 물질을 식별한다. 그들의 물질만을 식별해서 그것들이 남자도 여자도 생명체도 아니고 오로지 물질일 뿐이라는 것을 본다. 외부의 물질을 보고 나서 모든 종류의 물질을 안팎으로 식별한다.

5) 먼저 안으로 눈에서 7가지 기본 깔라빠를 본 다음 외부의 눈, 즉 다른 사람의 눈에서 7가지 깔라빠를 본다. 7가지 깔라빠에서 63가지 물질을 안팎으로 식별한다. 나머지 감각토대들과 나머지 종류의 물질들도 안팎으로 식별한다. 물질을 완전히 식별한 다음 정신을 안팎으로 식별할 수 있다.

6) 정신을 안으로 식별할 때 의문 정신과정에서 시작해서 밖으로 오문 정신과정으로 넘어가 유익한 것이든 해로운 것이든 일어나는 모든 심리현상을 식별한다.

7) 정신을 밖으로 식별할 때는 안으로 식별할 때와 같이 하면 되지만, 다른 존재들의 안문과 바왕가를 식별할 때는 누구의 것인지 구분하지 않고 일반화해서 식별한다. 이렇게 보는 안문과 바왕가에 한 무리 깔라빠들의 색이 나타나면 안문 정신과정과 뒤이은 의문 정신과정이 일어나는 것을 식별한다. 이렇게 안팎으로 식별하고, 다른 네 문에 대해서도 같은 방법으로 식별한다.

8) 식별의 영역을 점차 넓혀 우주 전체에서 물질을 볼 수 있고 정신을 식별

할 수 있도록 했다. 그런 다음 물질과 정신을 무한한 우주의 별들에서도 함께 식별한다.

이 모든 물질과 정신 즉 오온을 안팎으로 식별하면서 그 어떤 존재도 남자 여자 같은 것이 아니며, 영혼, 자아와 같은 그 무슨 개념도 없는 것을 알았다. 무한한 우주에는 오로지 정신과 물질만이 있음을 보고 여실히 알았다.

4장

십이연기를 식별하다

1. 연기의 12요소

위빠사나의 16가지 지혜 중에 2번째 지혜인 조건을 파악하는 지혜를 십이연기(paṭicca samuppāda) 식별로 닦는다. 연기 식별방법은 다섯 가지가 있다. 붓다는 배우는 사람의 성격에 따라 네 가지 방법으로 연기를 가르쳤고, 다섯 번째 방법은 사리뿟다 존자가 가르친 것이다. 파욱명상센터에서는 사리뿟다 존자가 가르친 다섯 번째 방법과 붓다가 가르친 첫 번째 방법을 주로 수행한다. 이 두 방법은 모두 과거, 현재, 미래의 오온을 식별하고 그 오온 가운데 어느 것이 원인이고 어느 것이 결과인지를 가려낸다.

연기는 12가지 요소로 구성되어 있다. 일반적인 순서는 다음과 같다.

(1) 무명(avijjā, 無明)

(2) 의도적 행위(saṅkhārā, 行)

(3) 식(viññāṇa, 識)

(4) 정신과 물질(nāma-rūpa, 名色)

(5) 여섯 감각토대(salāyatana, 六處, 六入)

(6) 접촉(phassa, 觸)

(7) 느낌(vedanā, 受)

(8) 갈애(taṇhā, 愛)

(9) 취착(upādāna, 取)

(10) 존재(bhavo, 有)

(11) 태어남(jāti, 生)

(12) 늙음과 죽음(jarā-maraṇa, 老死)

2. 연기를 식별하는 다섯 번째 방법

(1) 연기의 세 가지 회전

12연기 요소를 세 가지 회전으로 재구성해 볼 수 있다.

 1) 오염원의 회전

   ① 무명

   ② 갈애

   ③ 취착

 2) 업의 회전

   ① 상카라(의도적 행위)

   ② 존재(업)

 3) 과보의 회전

   ① 식

② 정신과 물질

③ 여섯 감각장소

④ 접촉

⑤ 느낌

오염원의 회전은 업의 회전의 원인이고, 업의 회전은 과보의 회전의 원인이다. 과보의 회전은 달리 말하면 태어남과 죽음이다. 연기를 식별하는 것은 이 연속된 회전들을 살펴보는 것으로 과거에 대한 식별부터 시작한다.

(2) 과거를 식별하는 방법

과거를 식별하는 방법을 실습했던 경험을 예를 들어 설명하면 다음과 같이 정리해 볼 수 있다.

1) 명상홀에서 좌선을 하고 있던 중에 붓다를 계속 생각함에 5분간 들었다가 '다음 생에 인간으로 태어나 수행자가 되어 아라한 되기를' 열망한다.

2) 아나빠나사띠 사선정 또는 흰색 까시나 사선정에 들었다가 나와 사선정의 정신과 물질을 안팎으로 식별한다. 밖으로 정신과 물질을 식별하는 것은 과거의 정신과 물질을 식별하는 것과 유사하기 때문에 안팎으로 식별하는 훈련을 많이 할 필요가 있다.

3) 그 다음에 조금 전 다음 생에 아라한 되기를 열망하던 때 일어났던 정신과 물질을 마치 밖의 대상인양 식별한다.

4) 조금 전 아라한이 되고자 열망하던 형상이 떠오르면 그 형상의 심장에서 사대요소를 식별한다. 이미지가 깔라빠로 쪼개지면 심장토대의 물질을 식별한다.

5) 그리하면 바왕가 마음들과 바왕가 마음들 사이에 일어나는 숱한 의문

정신과정을 식별할 수 있다.

6) 그 숱한 의문정신과정을 앞뒤로 살펴서 그 가운데서 오염원의 회전 의문 정신과정과 업의 회전 의문 정신과정을 찾아야 한다. 오염원의 회전 의문 정신과정의 자와나의 마음에는 20가지 심리현상이 들어 있고, 업의 회전 의문 정신과정 자와나의 마음에는 34가지 심리현상들이 들어 있다.

7) 이 정신이 조금 전 '다음 생에 인간으로 태어나 수행자가 되어 아라한이 되기를' 열망하던 동안의 정신과정과 같은 마음인지 조사한다. 같다면 가장 가까운 과거의 정신과 물질을 식별한 것이다.

8) 다시 말하면 숱한 의문 정신과정을 앞뒤로 살펴서 무명, 갈애, 취착 그룹을 발견하고, 그것들에 에워싸인 상카라와 존재(업)를 발견한 것이다. 이렇게 찾은 것을 정리해보면 다음과 같다.

① 오염원의 회전 의문 정신과정

· 무명 : 수행자가 실재한다고 어리석게 잘못 생각하는 것이다. 탐욕-사견 그룹의 20가지 심리현상이 들어있다.

· 갈애 : 수행자의 삶을 원하고 갈망하는 것이다. 탐욕-사견 그룹의 20가지 심리현상이 들어있다.

· 취착 : 수행자의 삶에 집착하는 것이다. 탐욕-사견 그룹의 20가지 심리현상이 들어있다.

② 업의 회전 의문 정신과정

· 상카라 : 붓다를 계속 생각함의 유익한 의도이고, 믿음-지혜 그룹의 34가지 정신현상이 들어있다.

· 업(존재) : 상카라의 업력이다. 믿음-지혜 그룹의 34가지 정신현상이 들어있다.

9) 이와 같은 방법으로 최근 전의 정신과 물질을 볼 수 있는 것부터 점점 그 전으로 거슬러 올라가 과거의 형상을 떠올리고 정신과 물질을 식별한다. 오늘 아침, 어제, 한 달 전, 몇 달 전, 몇 년 전, 마침내 금생에 잉태될 때 일어났던 재생연결의 정신과 물질을 식별한다.

10) 잉태됨의 원인을 찾으려면 조금 더 먼 과거로 올라가 전생의 죽음 직전 정신과 물질을 찾아 죽음 직전 자와나 마음의 대상을 봐야 한다. 죽음 직전 자와나 마음의 대상은 업, 업의 표상, 태어날 곳의 표상 중 하나가 재생연결식을 생성한 업력으로 인해 나타난다. 이것을 식별하면 금생의 오온을 과보로 생산한 상카라와 업, 그리고 그것들에 앞선 무명, 갈애, 취착도 심리현상들을 식별할 수 있다. 죽음 직전 자와나 마음의 대상은 다음 세 가지 가운데 하나가 나타난다.

① 업(kamma) : 금생과 전생에 지은 업의 심리현상. 증오심이나 행복감, 수행자의 경우 명상과 관련된 고요함 등을 죽음 직전에 회상할 수 있다.

② 업의 표상(kammanimitta) : 금생과 전생에 지은 업과 관련된 표상. 의사는 환자를 도살자는 짐승의 울부짖음 소리를 들을 수 있고, 명상 수행자는 명상주제의 빠띠바가 니밋따를 볼 수 있다.

③ 태어날 곳의 표상(gatinimitta) : 다시 태어날 곳의 모습. 지옥에 태어난다면 지옥의 불길을, 인간으로 다시 태어난다면 내생의 어머니의 붉은 융단 같은 자궁을, 짐승으로 태어난다면 숲이나 들판을, 천인으로 태어난다면 천인의 궁전을 볼 수 있다.

죽음 직전에 재생을 일으키는 업력을 짐승 무리에 비유한 이야기가 생각난다. 밤새 우리 속에 갇혀 있던 짐승(업)들이 아침이 되자 배가 고프고 목마르고 답답하여 울부짖으며 몸부림치다가 드디어 우리의 문이 열리면(죽음), 그

중 가장 힘이 센 놈(큰 업)이 약한 놈들을 밀치고 제일 먼저 뛰쳐나와서 자기가 원하는 곳(내생)으로 달려간다. 그러면 나머지 무리들이 그 뒤를 따라간다.

(3) 1번째 전생을 보다

1) 재생연결 정신과 물질 식별

① 통찰지를 과거로 보내서 태아형성 첫 단계인 재생연결 순간의 3가지 물질 깔라빠(심장, 몸, 성 십 원소)를 식별하고, 34가지 정신을 식별했다.

② '이 정신과 물질의 원인과 조건이 무엇인가?' 숙고하며 빛을 과거로 보내 전생 임종 직전 정신과 물질을 발견했다.

한 노파가 누워서 죽음을 맞는 형상이 보였다. 양 옆에서 비구니 두명이 슬픔에 잠겨있는 모습을 보면서 죽음을 맞는 노파의 심장에서 물질을 식별했다. 그 심장토대 물질에서 정신을 식별했다. 의문전향 12가지 심리현상과 자와나 34가지 심리현상을 식별할 수 있었다.

③ 임종 직전 자와나의 대상을 발견했다. 흰옷을 입은 늙은 그 여성이 불전에 한 사발의 정화수를 올리고 그 앞에 서서 합장하며 절을 거듭하는 것이 보였다. 기도를 하고 있는 그 여성의 심장토대 물질을 식별하고 바왕가 마음 사이에서 일어나는 의문 정신과정을 식별했다. 의문전향 12가지 정신현상과 자와나 34가지 정신현상, 의문전향 12가지 정신현상과 자와나 20가지 정신현상 3번, 34가지 정신현상 2번 일어나는 것을 식별했다. 이렇게 의문 정신과정들을 식별하면서 여인의 생애가 통찰지로 식별되었다.

'이 여인은 훌륭한 가문에서 태어나 소녀 때 궁중에 들어가 화려한 생활을 하다가 왜적의 침략으로 나라가 망하자 비구니 사찰에 몸을 의지하고, 나라를 되찾아 튼튼히 지키기를 기도하며 살았다.'

④ 정화수를 올리고 절하면서 무엇을 소원했는지, 상카라가 일어나고 사라질 때 업력이 남긴 재생연결의 정신과 물질을 확인하여 통찰지로 그 의도를 식별했다.

'다음 생에는 남자로 태어나서 나라를 지키고 불법 수행을 성취하겠다.'

2) 세 가지 회전

① 의도(소원)

· 남자로 태어나서

· 나라를 지키고

· 불법을 수행하겠다.

② 오염원의 회전

· 무명 : 나라 지키고 수행하는 남자로 잘못 앎

· 갈애 : (나라 지키고 수행하는) 남자의 삶 갈망

· 취착 : (나라 지키고 수행하는) 남자의 삶 집착

③ 업의 회전

· 상카라 : 불전에 정화수 올리고 기도하는 선한 그룹

· 업력 : 선한 의도 그룹의 업력

④ 과보의 회전 : 재생연결 정신과 물질에 남긴 존재의 업력

· 심장 십 원소 깔라빠 : 국가 방위의 사명감, 수행 정진 의지

· 몸 십 원소 깔라빠 : 장교, 수행자의 신체조건

· 성 십 원소 깔라빠 : 남성의 특징, 용기

· 정신 : 사명감(장교), 진리탐구(수행자)

· 업력(존재) : 장교가 되어 나라 지키고 수행하는 삶 일으킴

축적된 업력(원인)이 재생연결의 업에서 생긴 물질(결과)을 발생했다. 업력(원인)과 재생연결의 3가지 물질(결과) 사이의 인과관계를 식별했다.

3) 원인과 조건식별

① 방법

· 전생에 축적된 원인(무명, 갈애, 취착)을 발견 : 존재(업력)와 태아형성 첫 단계(재생연결)의 30가지 업에서 생긴 물질을 서로 연결한다.

· 존재와 업에서 생긴 물질 사이에 인과관계 있는지 식별한다. 인과관계를 교대로 식별하고 그것들이 서로 어울리는지 식별한다.

'무명(20가지 정신현상)이 일어남 때문에 재생연결의 업에서 생긴 물질이 일어난다. 무명이 원인이고 재생연결의 물질 무더기가 결과다.'

이렇게 원인과 결과를 식별하고, 원인과 결과 사이의 인과관계를 연결시켜 보고 통찰지로 구분한다.

② 업력과 재생연결 물질 사이 인과관계 식별

· 정화수 올리고 소원 비는 정신과정에서 다섯 가지 원인 식별 : 무명(20), 갈애(20), 취착(20), 상카라(34), 존재의 업력(34)

· 축적된 업력(수십 년간 정화수 올리고 기도함)이 원인으로 그 결과 재생연결의 업에서 생긴 물질이 발생한다.

· 업력(원인)과 태아형성 단계의 30가지 물질 사이에 서로 어울리는 인과관계를 식별한다.

· '남자로 태어나서 나라 지키고 수행하는 삶'을 원인과 조건의 결
과로 식별했다.

4) 재생연결의 오온(태아형성의 첫 번째 순간의 다섯 무더기)

마음에서 생긴 물질, 온도에서 생긴 물질, 음식에서 생긴 물질은 아직 재
생연결의 순간에는 생기지 않았다. 여기서는 업에서 생긴 물질의 인과관계만
을 식별한다.

① 30가지 물질 : 심장 십 원소 깔라빠, 몸 십 원소 깔라빠, 성 십 원
소 깔라빠의 3가지 깔라빠가 물질 무더기다.

② 재생연결의 34가지 정신현상에서 느낌이 느낌 무더기다.

③ 재생연결의 34가지 정신현상에서 인식이 인식 무더기다.

④ 상카라 무더기

· 1방법 : 재생연결의 34가지 정신현상에서 의도가 상카라의 무더
기다.

· 2방법 : 재생연결의 34가지 정신현상에서 느낌, 인식, 식을 빼
고 나머지 31가지 정신현상이 상카라의 무더기다.

⑤ 재생연결의 34가지 정신에서 식이 식 무더기다.

5) 재생연결의 물질 무더기

① 무명(20)이 일어남으로 재생연결의 업에서 생긴 물질이 일어난다.
무명(20)이 원인이고, 재생연결의 업에서 생긴 물질이 결과다.

② 갈애(20)가 일어남으로 재생연결의 업에서 생긴 물질이 일어난다.
갈애(20)가 원인이고 재생연결의 업에서 생긴 물질이 결과다.

③ 취착(20)이 일어남으로 재생연결의 업에서 생긴 물질이 일어난다.

취착(20)이 원인이고 재생연결의 업에서 생긴 물질이 결과다.

④ 상카라(34)가 일어남으로 재생연결의 업에서 생긴 물질이 일어난다.

상카라(34)가 원인이고 재생연결의 업에서 생긴 물질이 결과다.

⑤ 존재의 업력(상카라 34)이 일어남으로 재생연결의 업에서 생긴 물질이 일어난다.

존재의 업력(상카라 34)이 원인이고 재생연결의 업에서 생긴 물질이 결과다.

6) 재생연결의 느낌 무더기

- 5가지 과거의 원인

① 무명(20)이 원인이고 재생연결의 느낌 무더기가 결과다.

② 갈애(20)가 원인이고 재생연결의 느낌 무더기가 결과이다.

③ 취착(20)이 원인이고 재생연결의 느낌 무더기가 결과다.

④ 상카라(34)가 원인이고 재생연결의 느낌 무더기가 결과다.

⑤ 존재의 업력(상카라34)이 원인이고 재생연결의 느낌 무더기가 결과다.

- 3가지 현재의 원인

⑥ 토대(심장토대물질30)가 원인이고 재생연결의 느낌 무더기가 결과다.

⑦ 대상이 원인이고 재생연결의 느낌 무더기가 결과다.

⑧ 접촉(34-느낌=33)이 원인이고 재생연결의 느낌 무더기가 결과다.

6-1) 설명

① 토대

　· 정신은 토대물질이 있어야 일어난다.

　· 재생연결의 느낌무더기는 재생연결 순간 동시에 일어나는 심장
토대에 의존해야만 일어난다. 정견, 지혜, 통찰지로 안다.

　· 심장토대는 깔라빠 그룹으로 일어난다. 함께 생긴 깔라빠의 4
대 요소에 의존한 힘을 지원받아 일어난다.

　· 심장, 몸, 성 10원소 깔라빠를 먼저 식별한다. 심장토대(30가지
물질)는 원인이고 느낌 무더기는 결과다.

② 대상

　· 재생연결의 대상은 전생의 죽는 순간 자와나의 대상(정화수 올
리고 기도하는 노파)이다.

　· 느낌은 그 대상에 대한 느낌을 통찰지로 식별한다. 대상이 원인
이고 재생연결의 느낌 무더기는 결과다.

③ 접촉

　· '접촉이 일어남으로 느낌이 일어난다.' 접촉이 우세하기 때문에
느낌이 일어난다.

　· 한 심찰라의 정신에서 접촉이 대상과 정확히 식에 연결되면 대
상의 본질에 대한 느낌이 더 강해진다. 접촉이 느낌을 지탱한다.

　· 접촉은 함께하는 마음과 마음부수와 같이 일어나며 그들로부터
지원받는다. '접촉(34-느낌=33)이 원인이고 느낌무더기는 결과다.'

　· 한 심찰라의 정신그룹 중 한 가지 정신을 결과로 선택하면 나머
지 정신은 원인이 된다. 수, 상, 행, 식은 함께 생긴 조건, 서로 지
탱하는 조건 등의 힘으로 서로 지탱하고 상호 의존한다.

7) 재생연결의 인식 무더기

   - 5가지 과거의 원인

   ① 무명(20)이 원인이고 재생연결의 인식 무더기가 결과다.

   ② 갈애(20)가 원인이고 재생연결의 인식 무더기가 결과다.

   ③ 취착(20)이 원인이고 재생연결의 인식 무더기가 결과다.

   ④ 상카라(34)가 원인이고 재생연결의 인식 무더기가 결과다.

   ⑤ 존재의 업력(상카라 34)이 원인이고 재생연결의 인식 무더기가 결과다.

   - 3가지 현재의 원인

   ⑥ 토대(심장토대물질 30)가 원인이고 재생연결의 인식 무더기가 결과다.

   ⑦ 대상이 원인이고 재생연결의 인식 무더기가 결과다.

   ⑧ 접촉(34-인식=33)이 원인이고 재생연결의 인식 무더기가 결과다.

8) 재생연결의 상카라 무더기

· 1방법 : 의도만을 상카라의 무더기로 간주한다.

   - 5가지 과거의 원인

   ① 무명(20)이 원인이고 재생연결의 상카라 무더기가 결과다.

   ② 갈애(20)가 원인이고 재생연결의 상카라 무더기가 결과다.

   ③ 취착(20)이 원인이고 재생연결의 상카라 무더기가 결과다.

   ④ 상카라(34)가 원인이고 재생연결의 상카라 무더기가 결과다.

   ⑤ 존재의 업력(상카라 34)이 원인이고 재생연결의 상카라 무더기가 결과다.

   - 3가지 현재의 원인

⑥ 토대(심장 토대 물질 30)가 원인이고 재생연결의 상카라 무더기가

결과다.

⑦ 대상이 원인이고 재생연결의 상카라 무더기가 결과다.

⑧ 접촉(34-의도=33)이 원인이고 재생연결의 상카라 무더기가 결과다.

·2방법 : 재생연결의 34가지 정신현상에서 느낌, 인식, 식을 제외한 31가

지 마음부수를 상카라 무더기로 간주한다.

① ~ ⑦은 1방법과 같다.

⑧ 나머지 3가지 정신 무더기(느낌,인식,식)가 원인이고 재생연결의 상

카라 무더기가 결과다.

9) 재생연결의 식 무더기

−5가지 과거의 원인

① 무명(20)이 원인이고 재생연결의 식 무더기가 결과다.

② 갈애(20)가 원인이고 재생연결의 식 무더기가 결과다.

③ 취착(20)이 원인이고 재생연결의 식 무더기가 결과다.

④ 상카라(34)가 원인이고 재생연결의 식 무더기가 결과다.

⑤ 존재의 업력(상카라34)이 원인이고 재생연결의 식 무더기가 결과다.

− 3가지 현재의 원인

⑥ 토대(심장토대물질30)가 원인이고 재생연결의 식 무더기가 결과다.

⑦ 대상이 원인이고 재생연결의 식 무더기가 결과다.

⑧ 정신과 물질이 원인이고 재생연결의 식 무더기가 결과다(정신:함

께하는마음부수,물질:토대 물질 30+대상 물질).

9-1) 설명

① 정신은 한 심찰라에 함께 일어나는 마음부수 그룹으로 재생연결 식과 함께 일어나는 마음부수 33가지다.

② 물질은 토대 물질과 대상 물질이다. '정신과 물질이 일어남으로 식이 일어난다. 식이 일어남으로 정신과 물질이 일어난다.' 식과 정신과 물질은 서로 지탱한다.

③ 먼저 '정신과 물질이 식을 일으킨다.'를 식별한 후에 원인과 결과를 식별한다. 원인 '토대+대상+접촉'과 '정신과 물질'은 말은 다르지만 궁극적 실재의 본질에서는 같다. 그래서 이렇게 식별한다. '정신과 물질이 일어남으로 재생연결의 식 무더기가 일어난다. 정신과 물질이 원인이고 재생연결의 식 무더기가 결과다.'

10) 재생연결 직후 바왕가를 식별하다

① 재생연결에 이어서 15~16번 바왕가가 일어나고 정신과정이 일어난다. 정신과정은 의문전향(1번), 존재에 대한 탐욕 자와나(7번)로 일어난다. 탐욕 자와나는 새로운 존재에 대해 집착하는 자와나이다.

② 바왕가의 마음 순간에는 첫 번째 바왕가와 같이 마음에서 생긴 물질이 일어나고, 온도에서 생긴 물질도 이미 일어났다. 온도에서 생긴 물질은 재생연결의 머무는 단계에서 일어나기 시작한다. 영양소 물질은 엄마가 먹은 음식이 태아에 퍼져 나갈 때 시작한다.

③ 재생연결 물질 무더기에서 2가지 현재의 원인과 결과를 더 식별한다.

· 마음이 일어남으로 마음에서 생긴 물질이 일어난다. 마음이 원

인이고 마음에서 생긴 물질 무더기가 결과다.

· 온도가 일어남으로 온도에서 생긴 물질이 일어난다. 온도가 원인이고 온도에서 생긴 물질 무더기가 결과다.

④ 4가지 정신 무더기의 식별은 재생연결에서 4가지 정신 무더기 식별과 같다.

11) 존재에 집착하는 탐욕 자와나의 다섯 무더기

① 토대(6가지 깔라빠-55가지 물질) : 심장에 존재하는 물질 무더기다.

② 느낌 : 자와나에 존재하는 느낌이 느낌 무더기다.

③ 인식 : 자와나에 존재하는 인식이 인식 무더기다.

④ 상카라

· 1방법 : 자와나에 존재하는 의도가 상카라 무더기다.

· 2방법 : 자와나에 존재하는(느낌, 인식, 식 제외) 나머지 마음부수가 상카라 무더기다

⑤ 식 : 자와나에 존재하는 식이 식 무더기다.

11-1) 설명

① 이 존재에 집착하는 자와나는 탐욕-사견 그룹의 정신이며, 희열이 있고 없음에 따라 20, 19 또는 자극받아 해태와 졸음이 있고 없음에 따라 22, 21가지 정신현상이 함께 일어난다.

② 상카라 무더기 2방법에는 (느낌, 인식, 식을 제외) 17, 16 또는 19, 18가지 정신현상이 있다.

③ 인과관계를 연결시켜 본 후에 의문전향의 물질무더기에서와 같

은 방법으로 이 자와나의 토대인 물질 무더기를 식별한다.

12) 기능이 완성된 후(오문인식과정 앞) 바왕가의 다섯 무더기

① 현재 식별하고 있는 심장에 존재하는 바왕가의 토대(7가지 깔라
빠 63가지 물질)가 물질 무더기다.

· 음식에서 생긴 영양소 물질도 일어난다. 바왕가의 대상이 형상
이면 이 형상 또한 물질 무더기에 포함된다.

② 바왕가의 34가지 정신 중에 느낌이 느낌 무더기다.

③ 바왕가의 34가지 정신 중에 인식이 인식 무더기다.

④ 상카라

· 1방법 : 바왕가의 34가지 정신 중에 의도가 상카라 무더기다.

· 2방법 : 바왕가의 34가지 정신 중에 (느낌, 인식, 식 제외) 나머지
31가지 마음부수가 상카라 무더기다

⑤ 바왕가의 34가지 정신 중에 식이 식 무더기다.

13) 형상(색깔)라인 오문전향의 다섯 무더기

① 오문전향의 토대가 되는 심장에서 63가지 물질과 형상(색깔)이라
는 대상이 물질 무더기다.

② 오문전향 11가지 정신 중에서 느낌이 느낌 무더기다.

③ 오문전향 11가지 정신 중에서 인식이 인식 무더기다.

④ 상카라 무더기

· 1방법 : 오문전향 11가지 정신 중에서 의도가 상카라 무더기다.

· 2방법 : 오문전향 11가지 정신 중에서 (느낌, 인식, 식 제외) 나머

지 8가지 마음부수가 상카라 무더기다.

⑤ 오문전향 11가지 정신 중에서 식이 식 무더기다.

14) 형상(색깔)라인 안식의 다섯 무더기

① 눈의 토대가 되는 심장에서 63가지 물질과 형상(색깔)이라는 대상이 물질 무더기다.

② 안식의 8가지 정신 중에서 느낌이 느낌 무더기다.

③ 안식의 8가지 정신 중에서 인식이 인식 무더기다.

④ 상카라 무더기

·1방법 : 안식의 8가지 정신 중에서 의도가 상카라 무더기다.

·2방법 : 안식의 8가지 정신 중에서(느낌, 인식, 식 제외) 나머지 5가지 마음부수가 상카라 무더기다.

⑤ 안식의 8가지 정신 중에서 식이 식 무더기다.

이런 식으로 모든 정신과정의 심찰라에서 다섯 무더기 방법으로 식별하고, 이 방법에 기초해서 인과관계(연기)를 연결할 수 있다. 각 심찰라에서 함께하는 마음부수의 수에 따라서 아비담마에 근거하여 마음부수를 더하거나 뺄 수도 있고 교체할 수도 있다. 이 방법을 이해하고 숙달하기 위해서는 많은 연습이 필요했으며, 여섯 문에서 고루 실습하는 데는 많은 시간과 노력을 들여야 했다.

15) 물질 현상을 대상으로 오온을 식별하다

물질 현상을 식별할 대상은 5가지 감상 물질(반투명물질)을 비롯하여 18가지 구체적인 물질이다. 이 물질 중 하나를 대상으로 택할 때, 현명한 주의력이 있다면 유익한 자와나가 일어나고, 어리석은 주의력이 있다면 해로운 자와나가 일어난다. 물질 현상, 무상, 고, 무아, 더러움, 눈 반투명요소 등으로 주의를 기울이면 현명한 주의력이다. 모두 여섯 라인에서 일어나는 유익한 자와나와 해로운 자와나의 모든 심찰라에서 다섯 무더기로 그룹지어서 인과관계(연기)를 연결한 후에 원인과 결과를 식별한다.

과거의 오온 식별에서 유익한 업이나 해로운 업을 식별했다면, 인과관계를 연결시켜서 금생의 삶의 과정 동안에 그 업으로 인해 일어난 선한 과보나 악한 과보를 또한 식별해야 한다.

여섯 라인에서 오온을 완전히 식별하면 '이 정신 물질은 생산 원인과 돕는 원인 없이는 일어나지 않는구나! 이 정신과 물질의 원인과 조건은 무엇인가?' 라고 조사 숙고하면 통찰지로 '이 정신과 물질은 무명, 갈애, 취착, 상카라, 존재, 음식 등과 같은 원인 때문에 일어나는구나!' 하는 깨달음이 생긴다.

파욱 사야도에게 보고했다(2010. 4. 25).

"정신과 물질을 오온으로 그룹지어서 6라인에 일어나는 모든 심찰라에서 인과관계를 연결하고 원인과 결과를 식별했습니다. 과거의 오온에서 업을 식별하고 인과관계를 연결시켜서 금생의 삶의 과정에서 그 업으로 인해 일어나는 과보를 식별했습니다."

"재생연결식의 느낌이 일어나는 원인은?"

"과거의 원인 다섯 가지, 현재의 원인 세 가집니다."

여덟 가지 원인을 외웠더니, 사야도는 표정이 굳어져 말씀하셨다.

"과거의 원인은 묻지 않았다. 더 숙달해라. 첫 생에서 완전히 숙달하면 다음 생에는 쉽다."

재생연결식의 느낌이 일어나는 현재의 원인만 물은 것 같은 데, 너무 긴장하여 잘못 듣고 과거의 원인까지 답변했던 것 같다. 아직 숙지 상태가 부족한 것을 간파하고 더 숙달시키기 위해 지적해 주는 것으로 알아차리고 얼른 물러났다.

그리고 파욱 또야 사야도가 지은 『업과 윤회의 법칙(The Workings of Kamma)』(정명스님 옮김)을 읽으며 꼬박 한 달 동안 숙달훈련을 하고, 다시 파욱 사야도에게 보고했다(2010. 5. 25).

"오온으로 그룹지어 6라인에서 일어나는 모든 심찰라에 인과관계를 연결한 후 원인과 결과를 식별했습니다. 원인과 조건 때문에 일어나는 정신과 물질을 보고 업과 과보를 이해했습니다."

"확인은 나중에 할 테니, 2번째 전생을 보도록 해라. 죽음 직전 자와나의 정신과 물질을 계속 추적해서 1번째 전생 방법과 같이 해라."

과제를 잘 닦고 충분히 숙지하여 어떤 질문이라도 자신 있게 답변을 할 수 있는 준비가 되었을 때는 질문을 하지 않으셨다. 대신 내가 너무 지쳐서 지루함을 느끼고 있는 것을 보고 독려의 말씀을 해주셨다.

"붓다의 가르침은 반복적으로 훈련해야 할 필요가 있다."

(4) 2번째 전생을 보다

1) 1번째 전생에서 과거로 정신과 물질을 찾아올라가는 식별 방법으로 계속 과거로 올라가 수태 시 재생연결 순간의 물질(3깔라빠 30요소)을 발견하고 정신(34가지 심리현상)을 식별했다.

2) '이 정신 물질의 원인과 조건이 무엇인가?' 숙고하며 빛을 과거로 보내 2번째 전생 임종 직전 심장토대 물질과 정신(12, 34가지 심리현상)을 발견했다.

3) 열 살 정도 된 사미 세 명이 전염병에 걸려 누워있는데, 맨 안쪽에 누워 있는 사미가 단말마를 겪고 있었다. 그 사미의 심장토대 물질과 정신을 식별하여 죽음 직전 자와나의 대상이 떠올랐다. 예불에 참석하여 기도하는 광경이 보였다. 화려한 옷을 입은 왕궁의 여인이 기도하는 모습이 보였다. 사미는 평소에 왕궁에 사는 여인이 가마를 타고 와서 많은 공양물을 올리고 기도하고 가는 모습을 보고 어머니를 그리워하며 선망했다.

4) 사미의 심장토대 물질을 식별하여 죽음 직전 자와나의 대상(예불하는 여인을 보며 기도하는 사미)을 보고 그 바왕가에 일어나는 정신을 식별했다. (12, 20가지 심리현상×3번, 34가지 심리현상×2번) 이 정신들을 식별하면서 '나도 저렇게 살아봤으면' 하는 소원을 통찰지로 알게 되었다.

5) 의도(소원)

    ① 여자로 태어나서

    ② 왕궁에 살고

    ③ 불도를 닦겠다.

6) 오염원의 회전

    ① 무명(20) : 왕궁에 살고 불도를 닦는 여자로 잘못 앎

    ② 갈애(20) : 왕궁에 살고 불도를 닦는 여자의 삶을 갈망

    ③ 취착(20) : 왕궁에 살고 불도를 닦는 여자의 삶에 집착

7) 업의 회전

    ① 상카라(34) : 예불 참석하는 선한 그룹의 업력

    ② 업력(34) : 선한 의도 그룹의 업력(왕궁의 여인으로 살고 불도 닦는 삶 되게 애씀)

8) 과보의 회전 : 재생 연결 정신과 물질에 남긴 업력

① 물질

　　· 심장 십 원소 깔라빠 : 활기, 헌신 – 불도 닦음

　　· 몸 십 원소 깔라빠 : 건강한 신체 – 왕궁에서 삶

　　· 성 십 원소 깔라빠 : 아름다움 – 여자로 태어남

② 정신 : 불법 공부 염원(지혜), 올곧음, 절개, 충성심

③ 업력(존재) : 왕궁에 살고 수행하는 삶 일으킴

축적된 업력(원인)이 재생연결의 업에서 생긴 물질(결과)을 발생했다. 업력(원인)과 재생연결의 3가지 물질(결과) 사이의 인과관계를 식별했다.

9) 자와나 같음 확인

마음은 언제나 대상이 있다. 전생 죽음 직전에 대상(업, 업의 표상, 태어날 곳의 표상 중 하나)으로 했던 마음(재생을 일으킨 업력)이 현생의 재생연결식이 된다. 이 마음이 대상을 현생의 존재로 바꾸어 현생의 마음이 된다. 이 마음을 바왕가라고 한다. (유사한 뜻으로 쓰이는 말로는 무의식, 잠재의식, 8식 또는 아리야식, 장식 등이 있다.) 현생에서 마음에 대상이 없는 무의식 상태일 때를 바왕가의 마음이라고 한다. 마음이 대상을 바꿀 때는 먼저 가졌던 대상이 끊어지고 바왕가 마음상태가 되었다가 새로운 대상으로 바뀌는 정신과정이 일어난다. 바왕가의 마음은 현생의 마음바탕이 되며 타고난 성품도 여기에서 나온다. 따라서 같은 대상을 가진 이 3가지 마음(전생 죽음 직전 자와나의 대상, 재생연결식, 바왕가)을 식별해서 같음을 확인함으로써 전생과 현생 간의 인과관계 식별을 맞게 했는지 확인할 수 있다. 세 가지 마음은 '기도하는 왕궁의 여인을 보는 사미의 마음'으로 다 같음을 확인했다.

① 2번째 전생 죽음 직전 자와나의 대상

② 1번째 전생 재생연결식

③ 1번째 전생의 바왕가

(5) 3번째 전생을 보다

1) 2번째 전생에서 과거로 올라가다가 예닐곱 살 먹은 아이가 산같이 큰 어머니 무덤을 쳐다보며 울고 있는 것을 만났다. 울음소리가 바왕가에서 울리며 가슴이 미어질듯 아프고 슬픔이 절실하게 느껴졌다. 계속 과거로 올라가서 수태 시 정신 물질을 식별하고 재생연결식을 찾았다.

2) 3번째 전생 임종 직전 자와나의 대상을 발견했다. 임종을 맞고 있는 노비구의 심장토대를 식별해서 죽음 직전 자와나의 대상을 식별했다. 마을로 탁발을 가는 노비구가 강변을 걸어가며 기도를 하고 있었다. 너무 늦게 출가하여 완전한 열반을 성취하지 못해 아쉬워하며 '다음 생에는 동진 출가하여 꼭 도를 이루기를' 소원했다.

3) 의도(소원)

　① 남자로 태어나

　② 어릴 때 출가하여

　③ 닙바나에 들겠다.

4) 오염원의 회전

　① 무명 : 어릴 때 출가하여 불법을 배우는 남자로 잘못 앎

　② 갈애 : 어릴 때 출가하여 불법 배우는 남자의 삶 갈망

　③ 취착 : 어릴 때 출가하여 불법을 배우는 남자의 삶에 집착

5) 업의 회전

　① 상카라 : 탁발하여 삼보에 공양하는 선한 그룹

　② 존재의 업력 : 선한 의도 그룹의 업력

6) 과보의 회전 : 재생연결 정신 물질에 남긴 업력

　① 물질

　　· 심장 십 원소 깔라빠 : 수행 정진 의지

　　· 몸 십 원소 깔라빠 : 수행자의 신체조건

　　· 성 십 원소 깔라빠 : 남성의 특징

　② 정신 : 불법 공부 염원(지혜)

　③ 업력(존재) : 동진 출가하여 불법 배우는 삶 일으킴

7) 자와나 같음 확인(34) : 포행하며 기도하는 늙은 비구

　① 3번째 전생 죽음 직전 자와나의 대상

　② 2번째 전생 재생연결식

　③ 2번째 전생의 바왕가

8) 3번째 전생과 2번째 전생에서 오온의 개념을 대상으로 원인과 결과를 식별했다. 전생을 식별할수록 슬픔과 괴로움만 절감되었다. 표정 관리를 못하고 슬픔과 괴로움에 빠져 탄식하듯이 보고를 했다(2010. 6. 6).

"6문에서 다 식별했나?"

"네!"

"4번째 전생해라."

여섯 문에서 식별한 것을 더 이상 외우게 하지 않으셨다. 기억력이 좋지 못한 나는 암송하는 것은 자신이 없었다. 미얀마 스님에게는 여섯 문에서 식별한 내용을 한참을 외우게 하더니 나는 운 좋게도 그냥 넘겨주었다.

(6) 4번째 전생을 보다

1) 3번째 전생 재생연결식을 발견하고 과거로 추적하여, 4번째 전생 임종

직전 자와나의 대상을 발견하여 정신과 물질을 식별했다. 양반가의 여성이 임종을 맞으면서 불전에 공양하고 기도하는 표상이 떠올랐다. '다음 생에는 남자로 태어나 학문을 배우고 스님이 되어 불도를 닦았으면' 하고 소원을 빌었다.

　2) 의도(소원)

　　① 남자로 태어나

　　② 학문을 배우고

　　③ 불도를 닦겠다.

　3) 오염원의 회전

　　① 무명 : 남자로 태어나 학문을 배우고 불도를 닦는 삶으로 잘못 앎(20)

　　② 갈애 : 학문을 배우고 불도를 닦는 삶 갈망(20)

　　③ 취착 : 학문을 배우고 불도를 닦는 삶 집착(20)

　4) 업의 회전

　　① 상카라 : 불전에 공양하는 선한 의도 그룹

　　② 존재의 업력 : 선한 의도 그룹의 업력

　5) 과보의 회전 : 재생연결 정신과 물질에 남긴 업력(존재)

　　① 물질

　　　· 심장 십 원소 깔라빠 : 학문을 배우고 불도를 닦는 의지

　　　· 몸 십 원소 깔라빠 : 건강한 신체조건

　　　· 성 십 원소 깔라빠 : 남성의 특징

　　② 정신 : 불법공부 염원

　　③ 업력(존재) : 남자로 태어나 학문과 불도를 닦는 삶 일으킴

　6) 자와나 같음 확인(34) : 불전에 공양하고 기도하는 여성

① 4번째 전생 임종 직전 자와나의 대상

② 3번째 전생 재생연결식

③ 3번째 전생 바왕가

7) 4번째 전생과 3번째 전생에서 식별된 오온을 6문에서 개념을 대상으로 원인과 결과를 식별했다. 전생이 모두 괴로움인 것을 보고 그 원인을 소멸하고 윤회를 끝내야 되겠다는 결심을 하게 되었다. 한 생 한 생을 꿈처럼 덧없이 살았다는 것을 알았다. 진정으로 출리하여 은둔자로 업이 다할 때까지 수행해야만 되겠다는 결심이 되었다.

이번 생을 위해 수많은 전생이 있었다. 윤회 속에서 업에 의해 태어나고 업의 상속자로 살 수밖에 없다. 욕계의 삶은 오온이 업에 의해 생멸하므로 나라는 것은 업이 만든다. 업을 멈추면 윤회가 멈추어진다. 그래서 지체 없이 이번 생에 업을 멈추고야 말겠다는 결의가 일어났다. 남은 생은 수행에 전념하여 번뇌를 제거하고 윤회에서 벗어나기 위해 살아야겠다는 결심이 되었다. 세속의 모든 일이 무시되고 잊어졌다. 오직 수행 정진하여 업을 멈추는 길만이 보였다.

(7) 5번째 전생을 보다

1) 4번째 전생의 재생연결식을 발견하고, 5번째 전생의 임종 직전 자와나의 대상을 발견해서 정신과 물질을 식별했다. 화전을 일구어 농사를 짓는 깡마른 체구의 순박한 농부가 추수한 곡식 주머니를 불전에 올려놓고 절을 하고 앉아 소원을 빌면서, 부잣집 마님이 많은 공양물을 올리는 것을 보고 부러워하였다. '나도 다음 생에는 부잣집 마님이 되어 많은 보시 공덕을 짓고 싶다.'고 소원했다.

2) 의도(소원)

　① 여자로 태어나

　② 부자로 살면서

　③ 공덕을 많이 짓겠다.

3) 오염원의 회전

　① 무명 : 부잣집 마님의 삶으로 잘못 앎

　② 갈애 : 공덕을 많이 짓는 삶 갈망

　③ 취착 : 공덕을 많이 짓는 삶 집착

4) 업의 회전

　① 상카라 : 불전에 공양하는 선한 의도 그룹

　② 존재의 업력 : 선한 의도 그룹의 업력

5) 과보의 회전 : 재생연결 정신과 물질에 남긴 업력

　① 물질

　　· 심장 십 원소 깔라빠 : 기도하고 공덕을 짓는 마음

　　· 몸 십 원소 깔라빠 : 건강한 신체

　　· 성 십 원소 깔라빠 : 아름다운 여성의 특징

　② 정신 : 보시 공덕과 기도

　③ 업력 : 여자로 태어나 공덕을 짓는 삶 일으킴

7) 5번째 전생과 4번째 전생에서 식별된 오온들을 6문에서 개념을 대상으로 원인과 결과를 식별했다. 전생의 오온들이 모두 원인과 결과로 이루어진 괴로움뿐이라는 것을 알았다. 여기서 전생 식별을 마쳤으면 했는데, 사야도는 내 바람대로 해주지 않고, '한 생 더 봐라!'고 하셨다.

(8) 6번째 전생을 보다

1) 5번째 전생 재생연결식을 발견하고 6번째 전생의 임종 직전 자와나의 대상을 찾기 위해 빛을 과거로 보냈다. 그러나 6번째 전생의 표상이 떠오르지 않아 밤을 새면서 식별한 끝에 굴속같이 깜깜한데 큰 눈을 뜨고 밀려나오면서 표상이 떠오르고 멈추었다. 그 형상에서 심장을 찾아 정신과 물질을 식별하여 죽음 직전 자와나의 대상을 찾았다. '흰 옷을 입은 농부가 풍년이 든 들을 바라보고 있다.' 통찰지로 그 의도를 식별했다.

2) 의도(소원)

① 남자로 태어나

② 농부로 살면서

③ 농사를 짓겠다.

3) 오염원의 회전

① 무명 : 농사를 지으며 사는 남자로 잘못 앎

② 갈애 : 농사를 지을 수 있는 남자의 삶 갈망

③ 취착 : 농사를 지으며 사는 남자의 삶 집착

4) 업의 회전

① 상카라 : 농사가 잘된 들을 바라보는 선한 의도 그룹

② 존재의 업력 : 선한 의도 그룹의 업력

5) 과보의 회전 : 재생연결 정신과 물질에 남긴 업력

① 물질

· 심장 십 원소 깔라빠 : 순박한 농심

· 몸 십 원소 깔라빠 : 건강한 신체

· 성 십 원소 깔라빠 : 남성의 특징

② 정신 : 농사 잘되기를 염원

③ 업력 : 남자로 태어나 농사짓는 삶 일으킴

7) 6번째 전생과 5번째 전생에서 식별된 오온들을 개념을 대상으로 인과관계를 식별했다. 전생 식별이 힘은 들었지만, 연기 수행에서 삶의 조건을 아는 집성제에 대한 깨달음이 생기는 듯했다. 마음이 한 단계 올라선 것 같기도 했다. 고통으로 점철된 전생들을 보면서 더 이상 윤회해서는 안 되겠다는 결심이 되었다. 이번 생에 사성제를 잘 닦아 업을 멈추게 할 수 있는 길이 보였다. 이래서 연기 수행을 하면 작은 수다원이라고 하는가 보다 하는 생각도 들었다.

(9) 1번째 내생을 보다

1) 현재의 정신 물질을 식별하고, 현생 죽음 순간까지 미래를 관찰한다.

2) 현생 죽음 직전 자와나의 대상을 확인했다. 파욱 명상홀에서 근접삼매에 들어 오온을 식별하는 모습으로 업의 표상이 보였다. 닙바나에 들기 위해 위빠사나 수행을 하는 금생에 행한 특별한 업력으로 인해 업의 표상이 나타난 것이다.

3) 내생을 일으키는 재생연결의 정신 물질을 식별했다(34).

4) 의도(소원)

① 남자로 태어나

② 명상하여

③ 닙바나에 들겠다.

5) 오염원의 회전

① 무명 : 명상하여 닙바나에 드는 남자로 잘못 앎

② 갈애 : 명상하여 닙바나에 드는 남자의 삶 갈망

③ 취착 : 명상하여 닙바나에 드는 남자의 삶 집착

6) 업의 회전

① 상카라 : 명상하는 선한 의도 그룹

② 존재의 업력 : 선한 의도 그룹의 업력

7) 과보의 회전 : 재생연결 정신과 물질에 남긴 업력(존재)

① 물질

· 심장 십 원소 깔라빠 : 수행 정진 의지

· 몸 십 원소 깔라빠 : 수행자의 신체조건

· 성 십 원소 깔라빠 : 남성의 특징

② 정신 : 불법공부 염원(지혜)

③ 업력 : 남자로 태어나 명상하는 삶 일으킴

8) 자와나 같음 확인(34) : 명상홀에서 근접삼매에 든 수행하는 모습

① 현생 죽음 직전 자와나의 대상

② 1번째 내생 재생연결식

③ 1번째 내생의 바왕가

9) 1번째 내생에서 식별된 오온들을 6문에서 현생의 원인과 인과관계를 식별했다.

(10) 상카라의 멈춤을 보다

1) 1번째 내생 죽음 순간까지 미래를 관찰하고, 죽음 직전 자와나의 대상을 확인했다. 명상하던 중 밝은 빛이 그대로 멈추고 정신과정이 더 이상 일어나지 않고 바왕가와 같은 자와나가 일어났다.

2) 죽음 가까이 일어났던 정신과 물질 외 더 이상 정신과 물질을 찾을 수

없었다. 상카라가 더 이상 일어나지 않았다. 빛이 밝은 채 그대로 멈추었다.

이 결과를 보고하자 사야도는 미소를 지으며 잠시 침묵하더니, 다음 과제로 넘겨주면서 한 말씀하셨다.

"누구나 업을 가지고 있다. 누구나 자신의 업의 상속자다. 업이 나다. 더 이상 윤회하지 않으려면 업을 멈추어야 한다."

3. 연기를 식별하는 첫 번째 방법

첫 번째 방법은 삼생에 걸쳐 12연기 요소들이 일어나는 순서대로 순관(順觀)으로 식별하는 방법이다. 그것은 과거, 현재, 미래 3기간에 12연기요소를 연결해서 원인과 결과를 식별해 보는 것이다.

(1) 3기간 연결
연기 순환의 중심에 현재를 놓고 과거, 현재, 미래의 3생을 연결해 본다. 계속되는 과거 생과 미래의 각 생에도 적용한다. 현생을 순환의 중심에 놓았을 때 1번째 전생은 과거가 되고 1번째 내생이 미래가 된다.

1) 무명, 상카라는 과거의 기간이다(1번째 전생).

2) 식, 정신 물질, 여섯 감각장소, 접촉, 느낌, 갈애, 취착, 존재가 현재의 기간이다(현생).

3) 태어남, 늙음 죽음이 미래의 기간이다(1번째 내생).

(2) 인과관계 연결

통찰지로 원인 연기 요소와 과보로 나타난 다음 연기요소 사이의 인과관계만을 식별한다. 6라인에 선심, 불 선심으로 일어나는 자와나의 인식과정에서 과보로 나타난 연기요소를 식별한다. 아래에 식별의 예를 들어본다.

1) 무명이 일어남으로 상카라가 일어난다.

  – 무명이 원인이고 상카라가 결과다.

2) 상카라가 일어남으로 (과보로 나타난) 식이 일어난다.

  · 과정을 벗어난 마음의 식별

  – 상카라가 일어남으로 재생연결의 식이 일어난다.

    상카라는 원인이고 재생연결의 식은 결과다.

  – 상카라가 일어남으로 바왕가의 식이 일어난다.

    상카라는 원인이고 바왕가의 식은 결과다.

  – 상카라가 일어남으로 죽음의 마음의 식이 일어난다.

    상카라는 원인이고 죽음의 마음의 식은 결과다.

  · 안문 인식과정의 과보로 나타난 식

  – 상카라가 일어남으로 안식이 일어난다.

    상카라는 원인이고 안식은 결과다.

  – 상카라가 일어남으로 받아들임이 일어난다.

    상카라는 원인이고 받아들임의 식은 결과다.

  – 상카라가 일어남으로 조사가 일어난다.

    상카라는 원인이고 조사의 식은 결과다.

  – 상카라가 일어남으로 등록의 식이 일어난다.

상카라는 원인이고 등록의 식은 결과다.

3) 식이 일어나므로 정신과 물질이 일어난다. (여기서부터 다음 연기 요소들은 정신과정이 일어나는 처음 자와나만 기술한다. 나머지는 '상카라가 일어남으로 식이 일어난다'와 같이 적용하면 된다.)

· 상카라의 정신그룹의 일부인 업식이 원인이고, 식을 포함한 마음과 업에서 생긴 물질(마음, 온도, 음식에서 생긴 물질도 분리 불가능하므로 포함)이 결과다.

– 과거의 업식이 일어남으로 재생연결의 정신과 물질이 일어난다.
과거의 업식이 원인이고 재생연결의 정신과 물질이 결과다.

– 과거의 업식이 일어남으로 안식의 정신과 물질이 일어난다.
과거의 업식이 원인이고 안식의 정신과 물질이 결과다.

· 함께 생긴 식이 일어남으로 함께 생긴 정신과 물질이 일어난다.

– 재생연결의 식이 일어남으로 재생연결의 정신과 물질이 일어난다.
재생연결의 식이 원인이고 재생연결의 정신과 물질이 결과다.

– 안식이 일어남으로 안식의 정신과 물질이 일어난다.
안식이 원인이고 안식의 정신과 물질이 결과다.

4) 정신과 물질이 일어남으로 여섯 감각 장소가 일어난다.

① 정신(마음부수)이 일어남으로 마노의 감각장소가 일어난다.

– 재생연결의 정신이 일어남으로 재생연결의 마노의 감각장소가 일어난다.
재생연결의 정신이 원인이고 재생연결의 마노의 감각장소가 결과다.

– 안식의 정신이 일어남으로 안식의 마노의 감각장소가 일어난다.

안식의 정신이 원인이고 안식의 마노의 감각장소가 결과다.

② 정신이 일어남으로 감각장소의 물질이 일어난다.

– 오문전향이 일어남으로 눈의 감각장소가 일어난다.

오문전향이 원인이고 눈의 감각장소가 결과다.

(바왕가의 끊어짐과 동시에 일어난다.)

– 안식이 일어남으로 눈의 감각장소가 일어난다.

안식이 원인이고 눈의 감각장소가 결과다.

(오문전향과 동시에 일어난다.)

– 전체로 식별 : 오문전향이 일어남으로 5감각장소가 일어난다.

오문전향이 원인이고 5감각장소가 결과다.

(바왕가의 끊어짐과 동시에 일어난다.)

③ 물질이 일어남으로 감각장소(물질)가 일어난다.

– 같은 깔라빠 내의 사대요소가 일어남으로 눈의 감각장소가 일어난다.

같은 깔라빠 내의 사대요소가 원인이고 눈의 감각장소가 결과다.

– 같은 깔라빠 내의 생명기능이 일어남으로 눈의 감각장소가 일어난다.

같은 깔라빠 내의 생명기능이 원인이고 눈의 감각장소가 결과다.

같은 깔라빠 내의 영양소가 일어남으로 눈의 감각장소가 일어난다.

같은 깔라빠 내의 영양소가 원인이고 눈의 감각장소가 결과다.

④ 물질이 일어남으로 마노의 감각장소가 일어난다.

  – 재생연결의 심장토대가 일어남으로 재생연결의 마노의 감각장소가 일어난다.

   재생연결의 심장토대가 원인이고 재생연결의 마노의 감각장소가 결과다.

  – 심장토대가 일어남으로 오문전향의 마노의 감각장소가 일어난다.

   심장토대가 원인이고 오문전향의 마노의 감각장소가 결과다.

   (바왕가의 끊어짐과 동시에 일어난다.)

  – 눈의 토대가 일어남으로 안식의 마노의 감각장소가 일어난다.

   눈의 토대가 원인이고 안식의 마노의 감각장소가 결과다.

   (안식 또는 오식과 동시에 일어난다.)

⑤ 정신과 물질이 일어남으로 마노의 감각장소가 일어난다.

  – 재생연결의 정신과 물질이 일어남으로 재생연결의 마노의 감각장소가 일어난다.

   재생연결의 정신과 물질이 원인이고 재생연결의 마노의 감각장소가 결과다.

  – 안식의 정신과 물질이 일어남으로 안식의 마노의 감각장소가 일어난다.

   안식의 정신과 물질이 원인이고 안식의 마노의 감각장소가 결과다.

5) 여섯 감각 장소가 일어남으로 접촉이 일어난다.

  ① 심장토대(법의 감각장소)가 일어남으로 재생연결의 마노의 접촉

이 일어난다.

심장토대(법의 감각장소)가 원인이고 재생연결의 마노의 접촉이 결과다.

② 형상의 감각장소(형상이라는 대상)가 일어남으로 오문전향의 마노의 접촉이 일어난다.

형상의 감각장소(형상이라는 대상)가 원인이고 오문전향의 마노의 접촉이 결과다.

③ 오문전향의 마노의 감각장소가 일어남으로 오문전향의 마노의 접촉이 일어난다.

오문전향의 마노의 감각장소가 원인이고 오문전향의 마노의 접촉이 결과다.

④ 함께하는 법의 감각장소가 일어남으로 오문전향의 마노의 접촉이 일어난다.

함께하는 법의 감각장소가 원인이고 오문전향의 마노의 접촉이 결과다.

6) 접촉이 일어남으로 느낌이 일어난다.
　① 눈의 접촉이 일어남으로 눈의 접촉에서 생긴 느낌이 일어난다.
　　눈의 접촉이 원인이고 눈의 접촉에서 생긴 느낌이 결과다.
　② 귀의 접촉이 일어남으로 귀의 접촉에서 생긴 느낌이 일어난다.
　　귀의 접촉이 원인이고 귀의 접촉에서 생긴 느낌이 결과다.
　③ 코의 접촉이 일어남으로 코의 접촉에서 생긴 느낌이 일어난다.
　　코의 접촉이 원인이고 코의 접촉에서 생긴 느낌이 결과다.

스승은
붓다이시다

④ 혀의 접촉이 일어남으로 혀의 접촉에서 생긴 느낌이 일어난다.

혀의 접촉이 원인이고 혀의 접촉에서 생긴 느낌이 결과다.

⑤ 몸의 접촉이 일어남으로 몸의 접촉에서 생긴 느낌이 일어난다.

몸의 접촉이 원인이고 몸의 접촉에서 생긴 느낌이 결과다.

⑥ 마노의 접촉이 일어남으로 마노의 접촉에서 생긴 느낌이 일어난다.

마노의 접촉이 원인이고 마노의 접촉에서 생긴 느낌이 결과다.

(의문 정신과정에 앞서 일어난 바왕가와 함께하는 접촉이다.)

7) 느낌이 일어남으로 갈애가 일어난다.

① 눈의 접촉에서 생긴 느낌이 일어남으로 형상에 대한 갈애가 일어난다.

눈의 접촉에서 생긴 느낌이 원인이고 형상에 대한 갈애가 결과다.

② 귀, 코, 혀, 몸, 마노의 접촉에서 생긴 느낌도 눈의 접촉에서와 같이 식별한다.

8) 갈애가 일어남으로 취착이 일어난다(취착 : 감각적 욕망, 사견, 계율과 의식, 자아의 교리).

① 감각적 욕망에 대한 갈애가 일어남으로 감각적 욕망에 대한 취착이 일어난다.

감각적 욕망에 대한 갈애가 원인이고 감각적 욕망에 대한 취착이 결과다.

② 존재에 대한 갈애가 일어남으로 자아교리에 대한 취착이 일어난다.

존재에 대한 갈애가 원인이고 자아교리에 대한 취착이 결과다.

③ 감각적 욕망과 존재, 자아교리에 대한 취착 외에도 사견에 대한 취착, 계율과 의식에 대한 취착도 통찰지로 관찰한 후 인과관계를 식별한다.

9) 취착이 일어남으로 존재가 일어난다.
① 감각적 욕망에 대한 취착이 일어남으로 업으로서의 존재가 일어난다.
감각적 욕망에 대한 취착이 원인이고 업으로서의 존재가 결과다.
② 업으로서의 존재(업력)가 일어남으로 재생으로서의 존재가 일어난다.
업으로서의 존재(업력)가 원인이고 재생으로서의 존재가 결과다.

10) 존재가 일어남으로 태어남이 일어난다.
① 업으로서의 존재가 일어남으로 태어남이 일어난다.
업으로서의 존재가 원인이고 태어남이 결과다.
② "존재가 일어남으로 ……"에서 존재란 태어남을 일으킨 업으로서의 존재다. 업으로서의 존재가 태어남의 진정한 뿌리다.

11) 태어남 때문에 늙음과 죽음이 일어난다.
① 인습적 진리 : 일생에 한 번 일어나는 것을 미래의 태어남, 늙음, 죽음을 통찰지로 식별함으로써 깨달을 수 있다.
 – 재생연결, 태어남 때문에 늙음과 죽음이 일어난다.
재생연결, 태어남이 원인이고 늙음 죽음이 결과다.

② 궁극적 진리 : 정신과 물질이 일어남-머무름-사라짐을 식별한
후에 다음과 같이 식별한다.

　- 태어남 때문에 늙음 죽음이 일어난다.

　태어남이 원인이고 늙음 죽음이 결과다.

③ 슬픔, 탄식, 괴로움(육체적 괴로움), 불만족(정신적 괴로움), 절망은
태어난 사람에게 일어날 수 있다.

　- 태어남이 일어남으로 슬픔이 일어난다.

　태어남이 원인이고 슬픔이 결과다.

　- 탄식, 괴로움, 불만족, 절망도 같은 방법으로 식별한다.

미래의 삶이 범천이라면 슬픔 등이 일어날 수 없다. 그 세계는 성냄 그룹의
정신이 없기 때문이다. 그 세계에 태어나려면 이생의 마음에서 슬픔(성냄)이
일어나지 않아야 한다. 오염원을 제거한 성자의 정신과 물질 과정에는 태어
남은 있지만 슬픔, 탄식, 불만족, 절망 등이 일어날 수 없다. 다만 육체적 괴
로움만이 일어난다. 통찰지로 자기의 마음속에 슬픔 등이 있는가를 식별해
보면 미래의 삶을 알 수 있다.

5장

위빠사나 지혜를 키우다

세 번째 위빠사나의 지혜 단계는 분명한 이혜의 지혜다. 이 단계에서 위빠사나 지혜를 키운다. 수행방법은 이미 식별했던 정신과 물질, 연기 수행 과정들을 무상, 괴로움, 무아의 특성으로 관찰하는 것이다. 그것들을 여러 가지 조건에서 3특성으로 식별하여 통찰의 지혜를 증장한다.

수행방법을 잘 이해하고 그 절차와 결과까지 정확히 예측해도 이 단계에서는 실제로 훈련을 하지 않으면 생사의 현상에서 변화와 향상을 얻을 수 없다. 마치 수영법 이론을 아무리 잘 알아도 실제로 수영을 익히지 않으면 헤엄칠 수 없는 것과 같다. 수영을 몸으로 익혀야 하듯이 지혜수행도 그렇다. 삼장을 다 외우고 아무리 법문이 사자소리 같아도 수행을 실천하지 않으면 변죽만 울리는 것이 되고 만다. 체계적으로 사마타 위빠사나를 닦지 않으면 윤회의 강을 도저히 건너갈 수 없다. 미련한 나는 그 강물에 뛰어들어가 물을 먹어보고서야 그것을 알 수 있었다.

이 단계에서는 깔라빠 명상을 조직적으로 해야 한다. 위빠사나 지혜를 키우기 위한 여러 가지 수행과제들을 반복훈련으로 거듭 닦아야만 한다. 대장

간에서 쇳덩어리를 벌겋게 달구어 두들기기를 반복하여 칼을 만들듯이, 수많은 위빠사나 식별 과제를 순차적으로 차근차근 닦아서 통찰의 지혜를 예리하게 만들어야 한다. 통찰지의 취모검은 그리 쉽게 만들어지지 않는다. 오직 집중수행으로 꾸준히 담금질하는 방법밖에 없다. 자기의 모든 역량을 오롯이 쏟아 부어 옥쇄할 때, 시작을 알 수 없는 전생부터 흘러온 번뇌의 강을 건너서 도와 과의 증득으로 닙바나에 들 수 있다.

이 수행과정은 말로는 다 설명할 수 없다. 붓다의 고행상을 보면 짐작할 수 있다. 그런 모습이 되도록 수행한 끝에 붓다도 닙바나를 증득하지 않으셨을까?

1. 물질을 대상으로 위빠사나

⑴ 안문에서 물질 깔라빠 내의 궁극적 물질을 식별하고, 그 궁극적 물질의 생멸을 보면서 무상, 괴로움, 무아의 3특성을 식별한다.

1) 무상 : 궁극적 물질의 생멸을 보고 무상을 식별한다. 안팎으로 여러 번 식별한다.

2) 괴로움 : 궁극적 물질의 생멸을 보면서 압박받는 것을 괴로움으로 식별한다. 안팎으로 여러 번 식별한다.

3) 무아 : 궁극적 물질의 생멸이 통제를 벗어난 것을 보고 무아를 식별한다. 안팎으로 여러 번 식별한다.

⑵ 몸의 42부분의 물질을 3특성으로 식별한다.

1) 몸 42부분의 물질 하나씩 생멸을 보고 3특성을 식별한다.

2) 몸 42부분 전체 물질이 생멸하는 것을 보며 3특성을 식별한다.

3) 경행하며 물질의 생멸을 보며 3특성을 식별한다. 행, 주, 좌, 와 모든 자세에서 물질의 생멸을 보며 안팎으로 식별한다.

2. 정신을 대상으로 위빠사나

(1) 선정 정신 과정부터 3특성을 식별한다.

(2) 6문에서 정신과정의 각 심찰라 속에 있는 마음과 마음부수들을 모두 식별한다.

(3) 선심, 불 선심을 안팎으로 식별한다.

(4) 행, 주, 좌, 와 모든 자세에서 식별한다.

경행하다가 지나가는 기차 소리나 까마귀 소리가 나면 그 소리가 들리는 대로 이문 정신과정이 일어남을 식별했다. 기차소리에는 선심이 일어나고 까마귀 소리에는 불선심이 일어나는 것을 식별했다. 식별하는 지혜를 능숙하게 하기 위해서 여러 번의 반복 훈련이 필요했다.

3. 정신과 물질을 대상으로 위빠사나

(1) 오온을 6라인에서 3특성으로 식별한다. 선심, 불 선심, 안팎으로, 과거, 현재, 미래 생에 대해 모두 식별한다.

1) 색온은 대상 물질과 토대 물질을 대상으로 3특성과 혐오감을 식별한다.

2) 수온은 각 심찰라의 느낌을 강조해서 3특성과 혐오감을 식별한다.

3) 상온은 각 심찰라의 인식을 대상으로 3특성과 혐오감을 식별한다.

4) 행온은 각 심찰라의 상카라를 보며 3특성과 혐오감을 식별한다.

5) 식온은 각 심찰라의 마음을 강조해서 3특성과 혐오감을 식별한다.

(2) 오온 전체를 각 심찰라에서 생멸 보며 3특성과 혐오감을 식별한다. 6라인에서 선심, 불 선심, 안팎으로, 경행하면서도 식별한다.

1) 한 쌍의 정신과 물질이 일어남과 사라짐을 대상으로 3특성을 식별한다.

2) 재생연결식에서 죽음의 마음까지 금생의 물질과 정신 전부가 무상, 괴로움, 무아라는 것을 보고 안다.

4. 혐오감 명상을 대상으로 위빠사나

(1) 뼈에 대한 명상

뼈에 대한 명상으로 혐오감을 닦아서 선정에 들고, 대상이 깔라빠로 되면 깔라빠 안의 궁극적 물질의 생멸을 보며 3특성을 식별한다.

(2) 몸의 32부분

몸의 32부분에 대한 명상으로 선정에 들고, 대상이 깔라빠로 되면 깔라빠 안의 궁극적 물질의 생멸을 보며 3특성을 식별한다. 혐오감이 큰 부분부터 한 부분씩 식별한다.

(3) 벌레가 가득 찬 몸 수행

1) 흰색 까시나 4선정에서 나와 밝은 빛을 이용해서 몸을 보면 벌레로 가득

찬 것을 볼 수 있다. 이 벌레를 보며 "나의 몸에 벌레가 산다. 내 몸은 벌레의 집이다."라고 하며 혐오스러운 몸으로 반조한다.

2) 혐오스러움을 반조하면서 얼마의 시간이 지나면 벌레가 깔라빠로 변한다. 그 깔라빠 속의 궁극적 물질의 생멸을 보면서 3특성과 혐오감으로 각각 여러 번씩 식별한다.

(4) 시체의 혐오감

1) 흰색 까시나 4선정에서 나와 외부 시체에 집중한다. 남성 여성 관계없이 시체로만 본다. 대상 시체의 깔라빠 안의 궁극적 물질의 생멸을 대상으로 3특성과 혐오감을 식별한다.

2) 외부 시체에 대한 식별을 하다 자신의 시체를 대체해서 혐오감을 계발한다. 많은 외부 시체를 대상으로 하고 자기 시체를 대상으로 여러 번 같은 요령으로 식별한다.

(5) 궁극적 물질을 대상으로 혐오감을 일으키다

1) 각 깔라빠 내의 궁극적 물질을 대상으로 혐오감에 주의를 기울인다. 깔라빠 내에는 악취가 나고 더러운 것이 본성이라고 주의를 기울인다. 그것이 노, 병, 사 하는 것에 주의를 기울인다.

2) 궁극적 물질의 생, 주, 멸하는 3단계를 보면서 혐오감이 일어나는 것을 식별한다. 기쁨과 행복은 변화하는 것을 안정된 것으로 오해하기 때문이다. 변화하는 불안이 통제할 수 없는 것임을 알 때 기쁘지 않으며 혐오감으로 인식된다.

5. 12연기 요소를 대상으로 위빠사나

(1) 식별방법

계속되는 과거와 미래에서 금생을 연기의 중앙에 놓고 인과관계를 연결한다.

1) 무명–상카라는 전생이다.

2) 식–정신과 물질–여섯 감각장소–접촉–느낌–갈애–취착–존재가 금생이다.

3) 태어남–늙음이 내생이다.

(2) 원인과 결과를 식별

1) 무명이 일어남으로 상카라가 일어난다.

   1번째 과거생의 원인 무명이 정신과정에 빠르게 일어났다 사라지는 것
을 보며,

     – 무명(일어남-사라짐)은 무상(괴로움, 무아)하다.

     – 상카라(일어남-사라짐)는 무상(괴로움, 무아)하다.

2) 상카라가 일어남으로 재생연결식이 일어난다.

   1번째 전생의 원인 상카라가 정신과정에 빠르게 일어났다 사라지는
것을 보며,

     – 상카라(일어남-사라짐)는 무상(괴로움, 무아)하다.

     – 재생연결식(일어남-사라짐)은 무상(괴로움, 무아)하다.

3) 연기를 식별하는 첫 번째 방법에서 원인과 결과를 연결하고 나머지 요
소도 같은 요령으로 식별하며, 과거 생과 미래 생 열반까지 6라인에서 선심,
불 선심으로 식별한다.

6. 40가지로 관찰하다

(1) 무상을 10가지로 달리 인식
1) 무상

① 낱낱의 무더기가 영원하지 않고 처음과 끝을 가졌기 때문에 무상하다. 정신과 물질에는 앞쪽의 끝과 뒤쪽의 끝이 있다. 앞쪽의 끝은 '일어남'이고, 뒤쪽의 끝은 '사라짐'이다. 정신과 물질은 앞쪽의 끝과 뒤쪽의 끝을 넘어서는 존재하지 않는다. 그래서 정신과 물질을 무상한 현상이라고 관찰한다.

② 다섯 무더기 방법으로 물질, 느낌, 인식, 상카라, 식에 대해 각문에서 식별한다. 먼저 물질을 대상으로 오문 정신과정과 의문 정신과정을 일어나는 대로 각 심찰라의 물질(토대, 대상)의 생멸을 보며 무상으로 숙고한다. 물질을 숙고한 후 느낌, 인식, 상카라, 식도 숙고한다. 오온의 각 온을 숙고한 후 전체를 한꺼번에 무상으로 식별한다.

2) 붕괴하는 것

병, 늙음, 죽음으로 무너지기 때문에 '붕괴하는 것으로 명상한다.

3) 떨리는 것

병, 늙음, 죽음 등과 획득과 손실 등 세속적인 법 때문에 안정되지 않고 흔들리므로 불안하고 떨리는 것으로 명상한다.

4) 무너지기 쉬운 것

다른 사람의 공격에 의해서, 자신의 습관에 의해서, 자연적으로 무너지기 때문이다.

5) 지속되지 않는 것

모든 순간에 무너지고 굳건함이 없기 때문이다. 본질이 없고, 지속되지 않고, 안정감이 없다.

6) 변하기 마련인 법

늙음과 죽음으로 변하는 성질을 가졌기 때문이다.

7) 고갱이가 없는 것

힘이 없고 쉽게 부수어지기 때문이다. 자연히 사라져가야 하는 힘없는 존재이기 때문이다.

8) 단멸하기 쉬운 것

일어나자마자 사라지기 때문에, 성장하고 확장하고 번식할 수 없으므로, 존재하지 않음에 대한 갈애와 단멸론에 근거한 단멸의 성질이 있다.

9) 죽기 마련인 법

죽음의 성질(사라짐)이 있기 때문이다.

10) 형성된 것

원인과 조건으로 형성되었기 때문에 무상의 특성을 통찰지로 식별한다.

(2) 괴로움을 25가지로 달리 인식

1) 괴로움

일어나고 사라짐에 압박받고 고통의 기초이기 때문이다. 고통(느낌)에 기인한 괴로움, 변화에 기인한 괴로움, 형성됨에 기인한 괴로움, 윤회에 기인한 괴로움의 토대이므로 천하고 열등하고 고통스러운 괴로움이다.

2) 병

정신과 물질은 모든 육체적 정신적 병이 일어나는 토대이며 만성적인 고질병의 원인과 같다.

3) 재앙

예측하지 못한 커다란 불이익을 가져오고 모든 재앙의 토대이기 때문이다.

4) 종기

고통(대상)과 함께하며 오염(갈애)의 더러움이 흘러나오며, 일어남에 의해 붓고, 늙음에 의해 곪으며, 무너짐에 의해 터지기 때문이다.

5) 화살

① 일어나고 사라짐으로 압박을 하며
② 괴로운 느낌 등이 몸을 꿰뚫는다.
③ 정신과 물질의 상카라 화살은 고귀한 도로 제거하지 않으면 뽑기 어렵기 때문이다.

6) 질병

자유롭지 못하게 만들고, 질병의 가까운 원인이기 때문이다.

7) 재난

비난받고, 손실을 가져오며, 재난의 기지이기 때문이다.

8) 두려움

   ① 오온은 금생의 위험과 미래의 존재를 초래하는 위험한 함정이므로

   ② 모든 괴로움의 소멸인 지고의 안락(열반)과 반대되므로 두려운

   위험이다.

9) 전염병

여러 가지 손실과 파멸을 가져오기 때문이다.

10) 협박

여러 가지 불이익이 따라오고, 잘못으로 위협받고, 협박처럼 참을 만한 것
이 아니기 때문이다.

11) 보호가 없는 것

보호하지 못하고 안전을 주지 못하기 때문이다.

12) 피난처가 없는 것

피난하기에 적당치 않고, 피난처를 찾는 사람에게 피난할 수 있는 역할을

하지 않기 때문이다.

13) 귀의처가 없는 것

위험이 두려워 귀의처를 찾는 사람에게 태어남, 늙음, 죽음 같은 고통스런 위험을 제거하지 못하기 때문이다.

14) 살인자

오온은 친구인 척 가장하는 적처럼 신의를 저버리기 때문이다.

15) 재난의 뿌리

재난의 원인이기 때문이다.

16) 위험한 것

존재의 진행이 괴로움이고, 괴로움은 위험한 것이기 때문이다.

17) 번뇌에 물들기 쉬운 것

번뇌의 가까운 원인이기 때문이다.

18) 마라의 미끼

죽음의 마라와 오염원의 마라가 던져놓은 미끼이기 때문이다.

19) 태어나기 마련인 법

태어남은 일어나는 단계다.

20) 늙기 마련인 법

늙음은 머무는 단계다.

21) 병들기 마련인 법

병듦은 병드는 성질을 가졌기 때문이다.

22) 근심하기 마련인 법

오온은 근심이 일어나는 원인이므로 슬픔과 걱정이다.

23) 탄식하기 마련인 법

오온은 탄식이 일어나는 원인이므로 탄식이다.

24) 절망하기 마련인 법

오온은 절망이 일어나는 원인이므로 절망이다.

25) 오염되기 마련인 법

갈애와 사견과 나쁜 행위라는 오염의 대상이기 때문이다.

(3) 무아를 5가지로 달리 인식

1) 무아

오온 자체는 소유자, 거주자, 행위자, 경험하는 자, 결정하는 자의 성질을 가지고 있지 않기 때문이다.

2) 공

오온은 주인, 거주자, 짓는 자, 경험하는 자, 결정하는 자가 없기 때문이다.

3) 타인

지배할 힘이 없고 다루기 힘들기 때문이다. 오온은 원인에 따라 일어난다.

4) 비었음

오온은 영원하고 아름답고 행복하고 자아가 있다고 그렇게 상상해온 그것이 비었기 때문이다.

5) 공허함

오온의 궁극적 실재는 아주 짧은 순간만 존재하므로 무가치하고 공허하다.

하나의 무더기 당 40가지 식별 방법이 있으므로, 5무더기×40가지=200가지 식별 방법이 된다. 모두 6가지 대상 라인에 대해서 명상한다. 안으로 밖으로 교대로 명상한다. 계속되는 과거에서 마지막 미래까지 정신과 물질 방법으로 명상한다.

이렇게 명상하다 보니 어느새 3특성으로 모든 정신과 물질을 대하고 보는 습관이 들게 되었다.

7. 물질의 7개조를 통한 위빠사나

(1) 물질을 취하고 버림에 따른 방법

재생연결식에서 죽음의 마음 사이에 존재하는 물질에 대해 3특성을 교대로 명상한다. 과거 생부터 미래 생까지 안으로 밖으로 자세히 꾸준히 식별한다.

(2) 각 단계에서 늙은 것이 사라지는 것에 따른 방법

각 기간에 일어나는 궁극적 물질의 3특성에 대해 명상한다. 그 물질은 그 기간 안에 사라진다는 것을 관찰하고 깨닫는다.

1) 삶의 수명을 일반적으로 100년을 잡아서, 각 단계에서 사라지는 단계에 대해 명상한다.

① 100년을 33-33-34년의 3기간으로 나누어서 한 기간이 33, 34년이다.

② 100년을 10기간으로 나누어서 한 기간이 10년이다.

③ 100년을 20기간으로 나누어서 한 기간이 5년이다.

④ 100년을 25기간으로 나누어서 한 기간이 4년이다.

⑤ 100년을 33기간으로 나누어서 한 기간이 3년이다.

⑥ 100년을 50기간으로 나누어서 한 기간이 2년이다.

⑦ 100년을 400기간으로 나누어서 한 기간이 한 철(3개월)이다.

⑧ 100년을 600기간으로 나누어서 한 기간이 2개월이다.

⑨ 100년을 2400기간으로 나누어서 한 기간이 보름(15일)이다.

2) 하루에 존재하는 물질에 대해 3특성을 교대로 명상한다.

① 낮과 밤, 2기간으로 나눈다.

② 낮을 아침 오후 저녁 3기간으로 나누고, 밤을 초경 이경 삼경 3기

간으로 나눈다(하루를 6기간으로 나눈다).

3) 수명을 100년으로 잡아서 매일의 6기간에 대해 명상한다('60세 살았으면 60세만 할 수도 있다.' 내가 나이가 많아서 너무 식별할 것이 많다고 힘겨워하자 그렇게 말씀해 주셨다).

    ① 앞으로 나아가는 동안 일어난 물질

    ② 돌아서는 동안 일어난 물질

    ③ 앞을 바라보는 동안 일어난 물질

    ④ 옆을 돌아보는 동안 일어난 물질

4) 하루에 일어나는 자세와 행위의 순간에 아래의 6가지로 일어나는 물질의 3특성에 대해 명상한다.

    ① 땅에서 발을 들어 올리는 동안 일어난 물질

    ② 발을 앞으로 내미는 동안(반대 발까지) 일어난 물질

    ③ 반대 발을 지나서 나가는 동안 일어난 물질

    ④ 발을 내리는 동안 일어난 물질

    ⑤ 발이 땅에 닿는 동안 일어난 물질

    ⑥ 반대 발을 들어올리기 바로 전에 땅에 발이 누르고 있는 동안 일어난 물질

(3) 음식에서 생긴 물질에 따른 방법

아래의 2기간에 일어난 4가지(업, 마음, 온도, 음식)에서 생긴 물질의 3특성에 대해 명상한다.

  1) 배가 고플 때 일어난 4가지에서 생긴 물질

  2) 배가 부른 후에 일어난 4가지에서 생긴 물질

(4) 온도에서 생긴 물질에 따른 방법

 1) 뜨거울 때 일어난 4가지에서 생긴 물질

 2) 차가울 때 일어난 4가지에서 생긴 물질

(5) 업에서 생긴 물질에 따른 방법

하나의 문에서 일어난 물질이 다른 문으로 옮겨가지 않고 그 문에서 생멸하는 것을 보하면서 3특성으로 명상한다. 안팎으로 식별한다.

 1) 눈의 문 = 눈에서 일어난 63가지 물질

 2) 귀의 문 = 귀에서 일어난 63가지 물질

 3) 코의 문 = 코에서 일어난 63가지 물질

 4) 혀의 문 = 혀에서 일어난 63가지 물질

 5) 몸의 문 = 몸에서 일어난 53가지 물질

 6) 마노의 문 = 심장에서 일어난 63가지 물질

(6) 마음에서 생긴 물질에 따른 방법

아래와 같이 매일 일어나는 4가지(업, 마음, 온도, 음식)에서 생긴 물질의 생멸에 주의를 기울여 3특성에 대해 교대로 명상한다. 깔라빠의 형태는 같으나 추상적 물질요소가 두드러짐을 본다.

 1) 기뻐할 때 = 기쁠 때 일어나는 물질(좋은 추상적 물질 일어남)

 2) 슬퍼할 때 = 슬플 때 일어나는 물질(해로운 추상적 물질 일어남)

(7) 자연적으로 생긴 물질에 따른 방법

무생물에 대해서 밖으로만 명상한다. 무정물의 세계에 존재하는 온도에서 생긴 영양 팔 원소 깔라빠와 소리 구 원소 깔라빠에 대해 명상한다. 위빠사나 통찰지에서 생긴 빛으로 이 무정물에 존재하는 사대요소를 식별한다. 대상 무정물에서 깔라빠가 보일 때, 그 깔라빠에 존재하는 8개 또는 9개의 궁극적 실재를 식별한다. 그리고 그 궁극적 실재에 대해 3특성으로 명상한다.

8. 정신의 7개조를 통한 위빠사나

정신을 7개조로 위빠사나 명상하는 방법은 7가지가 있다. 그것은 깔라빠, 쌍, 순간, 순서, 사견을 버림, 자만을 제거함, 집착을 종식시킴이다.

(1) 깔라빠로 하는 방법

1) 물질을 7개조 방법으로 하는 물질에 대해 '무상'으로 명상한다. 그 위빠사나의 유익한 자와나 의문 정신과정이 일어나면 그것을 무상으로 명상한다. 그 '무상'으로 명상하고 있는 위빠사나 마음에 대해 뒤의 위빠사나 마음으로 '무상'하다고 다시 명상한다. 그 다음에 다시 뒤의 위빠사나 마음으로 '괴로움'으로 명상한다. 그 다음에 다시 뒤의 위빠사나 마음으로 '무아'라고 명상한다.

2) 물질 전체를 대상으로 해서 '괴로움'으로 명상한다. 괴로움으로 명상하고 있는 위빠사나 마음을 뒤의 위빠사나 마음으로 다시 '괴로움'으로 명상한다. 그 다음에 '무상'으로, 그 다음에 '무아'로 명상한다.

3) 물질 전체를 대상으로 해서 '무아'로 명상한다. 무아로 명상하고 있는 위빠사나 마음을 뒤의 위빠사나 마음으로 다시 '무아'로 명상한다. 그 다음에 '무상'으로, 그 다음에 '괴로움'으로 명상한다.

(2) 쌍으로 하는 방법

취하고 버린 물질에 대해 '무상'으로 명상한 후에, 그 명상하는 마음을 뒤의 마음으로 '무상'으로, '괴로움'으로, '무아'로 분리해서 명상한다. 물질에 대해 명상하고 그 나누어진 기간의 단계에 따라 그 명상하는 위빠사나 마음에 대해 명상한다. 1번째 기간의 물질에 대해 명상하고 다시 그 명상하는 통찰지에 대해 명상한다. 2번째 기간의 물질에 대해 명상하고 다시 그 통찰지에 대해 명상한다. 이런 식으로 모든 기간의 물질과 통찰지에 대해 명상한다.

(3) 순간으로 하는 방법

취하고 버린 물질을 무상으로 명상하고 나서,

1) 1번째 명상하는 마음(1번째 의문 자와나 정신과정의 마음)에 대해 2번째 마음(2번째 의문 자와나 정신과정의 마음)으로 명상한다.

2) 2번째 마음에 대해 3번째 마음으로,

3) 3번째 마음에 대해 4번째 마음으로,

4) 4번째 마음에 대해 5번째 마음으로 무상 또는 괴로움, 무아로 교대로 명상한다. 각 단계에서 늙은 것이 사라지는 물질 등과 같은 다른 물질에서도 방법은 같다. 물질의 7개조 방법에 따른 물질에 대해 명상한다. 물질에 대해 명상하는 위빠사나 의문 정신과정에 대해 위와 같이 4번 연속해서 명상해야 한다. 앞의 위빠사나 의문 정신과정에 대해 명상하는 것이다.

(4) 순서대로 하는 방법

취하고 버린 물질을 무상으로 명상한 후에,

1) 이같이 명상하는 1번째 마음을 2번째 마음으로,

2) 2번째 마음을 3번째 마음으로,

3) 3번째 마음을 4번째 마음으로,

4) 4번째 마음을 5번째 마음으로,

5) 5번째 마음을 6번째 마음으로,

6) 6번째 마음을 7번째 마음으로,

7) 7번째 마음을 8번째 마음으로,

8) 8번째 마음을 9번째 마음으로,

9) 9번째 마음을 10번째 마음으로,

10) 10번째 마음을 11번째 마음으로,

11) 11번째 마음을 12번째 마음으로

무상 또는 괴로움, 무아로 교대로 명상한다. 각 단계에서 늙은 것이 사라지는 물질 등에 대해 무상으로 괴로움으로 무아로 명상하는 방법이다.

(5) 사견을 버리기 위한 방법

상카라를 무아로 철저히 명상하면 사견이 제거된다. 무상의 관찰과 괴로움의 관찰이 강하게 의지하는 조건의 힘으로 무아의 관찰을 지원할 때 사견(자아에 대한 사견)이 제거된다.

(6) 자만을 제거하기 위한 방법

상카라를 무상으로 철저히 명상하면 자만이 제거된다. 괴로움의 관찰과 무아의 관찰이 강하게 의지하는 조건의 힘으로 무상의 관찰을 지원할 때 자만이 제거된다.

(7) 집착을 종식시키기 위한 방법

상카라를 괴로움으로 완전히 명상하면 미세한 갈애인 집착이 종식된다. 무상의 관찰과 무아의 관찰이 강하게 의지하는 조건으로 괴로움의 관찰을 지원할 때 갈애와 집착이 종식되고 다시는 일어나지 않는다.

물질 7개조 방법과 정신 7개조 방법을 3기간에 걸쳐 6문에서 선심과 불 선심에 대해 안팎으로 명상한다. 물질을 먼저 식별하여 그 물질을 토대로 해서 정신을 식별하고, 정신과 물질을 함께 3특성을 식별한다.

너무나 식별할 것이 많아서 지치고 지겹기도 했지만 참고 견디며 차곡차곡 위빠사나 지혜를 쌓아나갔다. 지루함을 무시하고 온종일 식별하다보니 힘이 다해 어느 때는 한계상황을 넘어 무의식중에 식별하는 작용만 있는 상태가 되기도 했다.

여섯 문에는 무상, 괴로움, 무아라는 삼중의 문이 생겼다. 모든 정신과정은 이 3특성의 문을 통해서 들어오고 나갈 수 있게 되었다. 3특성이 처음에는 나뉘져 있던 것이 점점 가까이로 모아지다가 나중에는 겹쳐져서 하나의 문처럼 되었다. 문의 앞면에는 무상이 늘 먼저 보였다. 그 뒷면은 무아가 되었고, 앞면과 뒷면 사이의 연결은 괴로움으로 점철되었다.

마음의 창문에는 3특성이 3중의 유리창으로 되어 스치는 풍경도 그리로 통해서 보였다. 수많은 전생으로부터 지어온 누적된 번뇌의 마군들이 반복된 식별의 파상공격에 밀려나고, 3특성으로 훈련된 통찰지가 영토를 넓혀가는 마음에는 오온의 세계를 비추어 보고 괴로움에서 벗어나는 지혜가 자라났다. 위빠사나 수행의 성공비결은 이 분명한 이해의 지혜를 철저히 닦는 데 있다고 단언해도 지나치지 않을 것이다.

6장

일어나고 사라짐을 관찰하는 지혜를 닦다

일어나고 사라짐을 관찰하는 지혜 수행방법은 현상들의 순간적인 성질과 조건의 성질을 동시에 보며 세 단계로 닦는다. 순간적, 조건적인 현상을 일어남만을 보는 단계, 사라짐만을 보는 단계, 일어남과 사라짐을 동시에 보는 단계로 관찰한다. 여섯 문에서 과거 현재 미래에 일어나는 정신과 물질의 일어나고 사라짐을 안팎으로 식별한다.

1. 일어남의 관찰

연기의 다섯 번째 방법에 따라서 물질의 조건적 일어남을 본다. 전생의 죽음 직전 순간으로 되돌아가 금생에서 업 생성 물질을 일으키게 한 다섯 가지 과거의 원인을 식별한다. 그런 다음 재생에서 죽음에 이르는 지금까지 식별했던 모든 정신과정에서 물질과 정신이 일어나는 것을 보아야 한다. 모든 정신과정을 식별할 때 통찰지로 인과관계에 대해서만 명상한다.

(1) 물질 무더기

1) 무명(20가지 심리현상, 이하 숫자만 표기)이 일어남으로 재생연결의(업에서 생긴) 물질이 일어난다.

2) 갈애(20)가 일어남으로 재생연결의 (업에서 생긴) 물질이 일어난다.

3) 취착(20)이 일어남으로 재생연결의 (업에서 생긴) 물질이 일어난다.

4) 상카라(34)가 일어남으로 재생연결의 (업에서 생긴) 물질이 일어난다.

5) 존재(34, 업력)가 일어남으로 재생연결의 (업에서 생긴) 물질이 일어난다.

6) 마음이 일어남으로 마음에서 생긴 물질이 일어난다.

7) 온도가 일어남으로 온도에서 생긴 물질이 일어난다.

8) 음식이 일어남으로 음식에서 생긴 물질이 일어난다.

(2) 재생연결의 느낌무더기

1) 무명(20)이 일어남으로 재생연결의 느낌이 일어난다.

2) 갈애(20)가 일어남으로 재생연결의 느낌이 일어난다.

3) 취착(20)이 일어남으로 재생연결의 느낌이 일어난다.

4) 상카라(34)가 일어남으로 재생연결의 느낌이 일어난다.

5) 존재(34)가 일어남으로 재생연결의 느낌이 일어난다.

6) 토대(심장토대)가 일어남으로 재생연결의 느낌이 일어난다.

7) 대상(재생연결식의 대상)이 일어남으로 재생연결의 느낌이 일어난다.

8) 접촉(34-느낌=33)이 일어남으로 재생연결의 느낌이 일어난다.

재생연결식의 느낌 무더기 식별과 같은 방법으로 인식, 상카라, 식 무더기도 식별한다. 이 방법에 기초해서 바왕가의 다섯 무더기, 죽음의 마음의 다섯 무더기, 오문전향의 다섯 무더기, 안식의 다섯 무더기 등과 같이 정신 명상주제의 모든 심찰라에서 다섯 무더기에 대해 명상한다. 마음부수의 수는 경우에 따라 다를 수 있으며, 선심 또는 불선심일 수도 있다. 안팎으로 식별하고, 계속되는 과거에서 마지막 미래까지 할 수 있는 한 많이 식별한다.

2. 사라짐의 관찰

'원인이 소멸하기 때문에 결과도 소멸한다.' 원인의 소멸은 아라한도(다시 일어나지 않는 소멸)를 얻음으로 해서 더 이상 일어남이 없는 것을 말한다. 위빠사나 통찰지로 미래에 아라한도를 얻고, 빠리닙빠나(무여열반)에 드는 죽음의 마음 이후를 식별할 수 있다면, 다시는 일어나지 않는 결과의 소멸을 볼 수 있다.

다시 일어나는 소멸은 원인 상카라뿐만 아니라 결과 상카라도 일어나자마자 사라지는 상카라다. 무상하게 계속 일어나고 사라지는 것을 다시 일어나는 소멸이라고 부른다. 원인이 계속 지원하는 한, 결과가 생멸하면서 존재한다. 원인이 또한 결과가 되면서 다음 상카라를 일어나게 하는 원인이 된다. 사라진 후에 아직 원인이 소진되지 않았으므로 다시 일어나고 사라지는 것이다. 이것을 여전히 일어나는 소멸, 또는 찰라의 소멸이라고 부른다.

다시 일어나지 않는 소멸은 수다원도, 사다함도, 아나함도를 얻음으로써 각각 그 도에 해당하는 오염원을 제거한다. 아라한도는 무명과 같은 나머지 모든 오염원을 제거한다. 성자의 도의 지혜가 각각의 도에 해당하는 오염원을 완전히 제거할 때, 그 오염원은 정신 물질 무더기에 다시는 일어나지 않는다. 그러한 소멸을 다시 일어나지 않는 소멸이라고 부른다.

무명과 같은 원인이 다시 일어나지 않고 완전히 소멸했을 때, 물질과 같은 결과의 그룹도 빠리닙바나(무여열반)의 죽음의 마음 이후에 더 이상 일어날 조건이 없으므로 다시는 일어나지 않고 완전히 소멸한다. 이것을 다시 일어나지 않는 완전한 소멸이라고 부른다. 원인이 없기 때문에 결과도 일어날 수 없다.

위빠사나 통찰지를 아라한도를 얻는 미래 빠리닙바나 죽음의 마음까지 보내서 다시 일어나지 않는 소멸의 특성에 대해 식별해야 한다. '다시 일어나지 않는 소멸로 원인이 소멸되었기 때문에 다시 일어나지 않는 소멸로 결과도 또한 소멸되었다.'는 것을 위빠사나 통찰지의 눈으로 정확하게 관찰해야 한다. 십이연기 식별에서 마지막 미래 상카라가 멈추고 밝음만 남는 죽음의 마음 직전에 무명 등 상분결의 5가지 오염원의 마지막 소멸을 식별해야 한다.

(1) 물질 무더기에 대한 명상
1) 무명이 소멸하기 때문에 (업에서 생긴) 물질이 소멸한다.
2) 갈애가 소멸하기 때문에 (업에서 생긴) 물질이 소멸한다.
3) 취착이 소멸하기 때문에 (업에서 생긴) 물질이 소멸한다.
4) 상카라가 소멸하기 때문에 (업에서 생긴) 물질이 소멸한다.
5) 존재가 소멸하기 때문에 (업에서 생긴) 물질이 소멸한다.
6) 마음이 소멸하기 때문에 마음에서 생긴 물질이 소멸한다.
7) 음식이 소멸하기 때문에 음식에서 생긴 물질이 소멸한다.

(2) 안식의 느낌 무더기에 대한 명상
1) 무명이 소멸하기 때문에 안식의 느낌이 소멸한다.
2) 갈애가 소멸하기 때문에 안식의 느낌이 소멸한다.

3) 취착이 소멸하기 때문에 안식의 느낌이 소멸한다.

4) 상카라가 소멸하기 때문에 안식의 느낌이 소멸한다.

5) 존재가 소멸하기 때문에 안식의 느낌이 소멸한다.

6) 눈의 토대 물질이 소멸하기 때문에 안식의 느낌이 소멸한다.

7) 형상이라는 대상이 소멸하기 때문에 안식의 느낌이 소멸한다.

8) 눈의 접촉이 소멸하기 때문에 안식의 느낌이 소멸한다.

9) 빛이 소멸하기 때문에 안식의 느낌이 소멸한다.

10) 주의력(오문전향 11)이 소멸하기 때문에 안식의 느낌이 소멸한다.

안식의 나머지 정신, 인식, 상카라, 식에 대해서도 느낌과 같은 요령으로 식별한다. 이 식별에서 다시 일어나는 소멸(찰라 소멸)과 다시 일어나지 않는 소멸(완전 소멸)을 분명히 관찰해야 한다. 다시 일어나는 소멸은 변함의 특성, 상카라의 순간적인 사라짐이다. 6라인의 선심 불 선심 모든 심찰라에서 다섯 무더기를 안팎으로 명상한다.

3. 일어남과 사라짐의 관찰

'원인이 일어남으로 결과가 일어나고, 원인이 사라짐으로 결과가 사라진다.'는 것을 통찰지로 식별하고 원인과 결과를 다시 연결해서 명상한다. 원인과 결과에 대해 3특성을 교대로 명상해야 한다.

(1) 물질무더기

1) 무명이 일어남으로 (업에서 생긴) 물질이 일어난다.

무명이 사라짐으로 (업에서 생긴) 물질이 사라진다.

무명(일어남과 사라짐)은 무상하고, (업에서 생긴) 물질(일어남과 사라짐)도 무상하다.

2) 갈애가 일어남으로 (업에서 생긴) 물질이 일어난다.

갈애가 사라짐으로 (업에서 생긴) 물질이 사라진다.

갈애(일어남과 사라짐)는 무상하고, (업에서 생긴) 물질(일어남과 사라짐)도 무상하다.

3) 취착이 일어남으로 (업에서 생긴) 물질이 일어난다.

취착이 사라짐으로 (업에서 생긴) 물질이 사라진다.

취착(일어남과 사라짐)은 무상하고, (업에서 생긴) 물질(일어남과 사라짐)도 무상하다.

4) 상카라가 일어남으로 (업에서 생긴) 물질이 일어난다.

상카라가 사라짐으로 (업에서 생긴) 물질이 사라진다.

상카라(일어남과 사라짐)는 무상하고, (업에서 생긴) 물질(일어남과 사라짐)도 무상하다.

5) 존재가 일어남으로 (업에서 생긴) 물질이 일어난다.

존재가 사라짐으로 (업에서 생긴) 물질이 사라진다.

존재(일어남과 사라짐)는 무상하고, (업에서 생긴) 물질(일어남과 사라짐)도 무상하다.

6) 마음이 일어남으로 (마음에서 생긴) 물질이 일어난다.

마음이 사라짐으로 (마음에서 생긴) 물질이 사라진다.

마음(일어남과 사라짐)은 무상하고, (마음에서 생긴) 물질(일어남과 사라짐)도 무상하다.

7) 온도가 일어남으로 (온도에서 생긴) 물질이 일어난다.

온도가 사라짐으로 (온도에서 생긴) 물질이 사라진다.

온도(일어남과 사라짐)는 무상하고, (온도에서 생긴) 물질(일어남과 사라짐)도 무상하다.

8) 음식이 일어남으로 (음식에서 생긴) 물질이 일어난다.

음식이 사라짐으로 (음식에서 생긴) 물질이 사라진다.

음식(일어남과 사라짐)은 무상하고, (음식에서 생긴) 물질(일어남과 사라짐)도 무상하다.

(2) 안식의 느낌 무더기

1) 무명이 일어남으로 (안식) 느낌이 일어난다.

무명이 사라짐으로 (안식) 느낌이 사라진다.

무명(일어남과 사라짐)은 무상하고, (안식) 느낌(일어남과 사라짐)도 무상하다.

2) 갈애가 일어남으로 (안식) 느낌이 일어난다.

갈애가 사라짐으로 (안식) 느낌이 사라진다.

갈애(일어남과 사라짐)는 무상하고, (안식) 느낌(일어남과 사라짐)도 무상하다.

3) 취착이 일어남으로 (안식) 느낌이 일어난다.

취착이 사라짐으로 (안식) 느낌이 사라진다.

취착(일어남과 사라짐)은 무상하고, (안식) 느낌(일어남과 사라짐)도 무상하다.

4) 상카라가 일어남으로 (안식) 느낌이 일어난다.

상카라가 사라짐으로 (안식) 느낌이 사라진다.

상카라(일어남과 사라짐)는 무상하고, (안식) 느낌(일어남과 사라짐)도 무상하다.

5) 존재가 일어남으로 (안식) 느낌이 일어난다.

존재가 사라짐으로 (안식) 느낌이 사라진다.

존재(일어남과 사라짐)는 무상하고, (안식) 느낌(일어남과 사라짐)도 무상하다.

6) 눈의 토대가 일어남으로 (안식) 느낌이 일어난다.

눈의 토대가 사라짐으로 (안식) 느낌이 사라진다.

눈의 토대(일어남과 사라짐)는 무상하고, (안식) 느낌(일어남과 사라짐)도 무상하다.

7) 형상이라는 대상이 일어남으로 (안식) 느낌이 일어난다.

형상이라는 대상이 사라짐으로 (안식) 느낌이 사라진다.

형상이라는 대상(일어남과 사라짐)은 무상하고, (안식) 느낌(일어남과 사라짐)도 무상하다.

8) 눈의 접촉이 일어남으로 (안식) 느낌이 일어난다.

눈의 접촉이 사라짐으로 (안식) 느낌이 사라진다.

눈의 접촉(일어남과 사라짐)은 무상하고, (안식) 느낌(일어남과 사라짐)도 무상하다.

9) 빛이 일어남으로 (안식) 느낌이 일어난다.

빛이 사라짐으로 (안식) 느낌이 사라진다.

빛(일어남과 사라짐)은 무상하고, (안식) 느낌(일어남과 사라짐)도 무상하다.

10) 주의력(오문전향)이 일어남으로 (안식) 느낌이 일어난다.

주의력(오문전향)이 사라짐으로 (안식) 느낌이 사라진다.

주의력(오문전향)(일어남과 사라짐)은 무상하고, (안식) 느낌(일어남과 사라짐)도 무상하다.

안식의 나머지 정신에 대해서도 느낌 무더기 식별과 같은 방법으로 일어나고 사라짐을 관찰한다. 이와 같은 방법으로 다른 무더기의 정신과정 마음들에 대해 일어나고 사라짐을 관찰한다. 연기의 요소마다 6라인에서 과거, 현재, 미래의 3기간에 대해 안으로 밖으로 3특성을 교대로 명상한다. 3생의 각 순간을 연결하고서 계속되는 과거에서 마지막 미래까지 적어도 한순간 동안을 완전히 관찰한다.

4. 네 가지 마음챙김 확립

(1) 몸(身) 관찰

1) 먼저 물질만을 명상한다. 6문의 물질을 대상으로 무상, 괴로움, 무아로 각각 여러 번 안팎으로 식별한다.

2) 몸의 42부분을 대상으로 안팎으로 명상한다. 땅 요소 20가지, 물 요소 12가지, 바람 요소 6가지, 불 요소 4가지를 각각 식별하고, 몸의 42부분을 연속해서 보면서 3특성을 안팎으로 식별한다.

(2) 느낌(受) 관찰

1) 느낌이 우세한 정신의 대상 물질과 토대 물질을 함께 관찰한다. 감각장소의 문에 따라 관찰한 모든 정신과정의 심찰라와 바왕가의 심찰라에 존재하는 느낌을 관찰한다.

2) 아래 3가지에 대한 일어남과 사라짐을 식별한 후에 3특성으로 명상한다.

① 토대가 일어나고 사라짐은 무상(괴로움, 무아)하다.

② 대상이 일어나고 사라짐은 무상(괴로움, 무아)하다.

③ 느낌이 일어나고 사라짐은 무상(괴로움, 무아)하다.

어떤 느낌도 일어나고 사라지는 무상한 것이다. 좋은 느낌을 찾아 헤매고 서로 가지기 위해 사람들은 다툰다. 느낌을 위해 산다고 해도 과언이 아니다. 세상은 느낌 놀음이다. 느낌에 속지 말고 갈애와 취착으로 이어지기 전에 그 실체를 3특성으로 보고 버릴 수 있어야 한다.

(3) 마음(心)관찰

식이 우세한 정신을 식별하면서 위빠사나 명상을 한다. 즉 식으로 시작하는 정신을 식별하면서 위빠사나 명상을 한다. 아래 3가지를 여섯 문에서 선심 불 선심, 과거 현재 미래, 안팎으로 3특성을 식별한다.

  1) 토대가 일어나고 사라짐은 무상(괴로움, 무아)하다.

  2) 대상이 일어나고 사라짐은 무상(괴로움, 무아)하다.

  3) 식이 일어나고 사라짐은 무상(괴로움, 무아)하다.

(4) 법(法)관찰

접촉(의도)이 우세한 정신을 식별한 후에 위빠사나 명상을 한다.

  1) 정신과 물질을 다섯 그룹으로 나누어, 다섯 무더기 방법으로 위빠사나 명상을 한다.

  2) 정신과 물질을 12그룹으로 나누어, 12감각장소 방법으로 위빠사나 명상을 한다.

  3) 정신과 물질을 18그룹으로 나누어, 18요소 방법으로 위빠사나 명상을 한다.

  4) 정신과 물질을 12요소로 나누어서, 연기의 방법으로 위빠사나 명상을 한다.

  5) 괴로움의 진리(정신과 물질)와 일어남의 진리(연기), 2가지 그룹으로 나누어 위빠사나 명상을 한다.

7장

무너짐의 지혜가 생기다

1. 깔라빠의 사라짐

무너짐의 지혜에 도달하면 상카라가 통찰지에 아주 빠르게 나타난다. 이때 위빠사나 통찰지는 예리해지고 뚜렷해지므로 일어남과 머무름은 알아차릴 수 없다. 형태가 있는 것처럼 보이는 아주 작은 입자인 물질 깔라빠, 그리고 정신 깔라빠는 상카라로 알아차리게 되는 표상이므로 이것을 상카라 니밋따라 부른다. 위빠사나 통찰지는 더 이상 이 상카라 니밋따를 관찰할 수 없다. 이 단계에서는 물질의 궁극적 실재와 정신의 궁극적 실재를 이전 단계의 통찰지와 달리 아주 명료하고 분명하게 본다.

통찰지가 더 이상 원인 상카라와 결과 상카라의 일어남과 머무름을 관찰할 수 없고 찰라의 소멸이라 불리는 사라짐만을 통찰할 수 있다. 위빠사나 지혜가 예리해지기 전에는 상카라의 진정한 본래면목이 아직 보이지 않다가 무너짐의 지혜에 도달할 때에야 위빠사나 통찰지가 예리해지므로 상카라가 아주 빠르게 사라지는 것이 보인다. 아주 빠르게 사라지는 것을 관찰하면서,

(1) 물질만 3특성에 대해서 명상한다.

(2) 정신만 3특성에 대해서 명상한다.

(3) 물질과 정신을 함께 3특성에 대해서 명상한다.

이와 같이 다섯 무더기 방법으로 3특성에 대해 교대로 명상한다. 3기간에 안으로 밖으로 오온에 대해 명상한다.

2. 명상하고 있는 통찰지에 대해 다시 위빠사나

위빠사나 통찰지로 상카라의 사라짐만 관찰하고 있을 때, 알아진 대상인 상카라와 지혜인 통찰지에 대해 위빠사나 명상을 한다. 알아진 대상은 3기간에 안으로 밖으로 존재하는 물질, 정신, 원인, 결과이고, 지혜는 알아진 대상에 대해 명상하는 것이다. 이 두 가지 상태에 대해 명상을 해야 한다. 명상하고 있는 통찰지는 의문 자와나 정신과정이다. 알아진 대상(정신과 물질)과 무너짐을 관찰하는 지혜 둘 다 위빠사나 명상을 한다.

좌선에 들어가자마자 상카라의 사라짐만이 항상 보이는 것은 아니다. 무너짐의 지혜를 얻기 전 단계에서는 어느 정도까지 일어남과 사라짐 둘 다 관찰된다. 통찰지가 예리해졌을 때 상카라의 일어나는 단계가 더 이상 보이지 않고 사라짐만 관찰된다. 무너짐의 지혜 통찰지가 절정에 도달하면 상카라의 사라지는 단계만이 항상 보인다.

(1) 물질에 대해 명상한다. 물질은 사라진다. 무상하다.

　 명상하고 있는 통찰지도 사라진다. 무상하다.

(2) 정신에 대해 명상한다. 정신은 사라진다. 무상하다.

명상하고 있는 통찰지도 사라진다. 무상하다.

⑶ 정신과 토대 물질을 같이 명상한다. 정신과 물질이 사라진다. 무상하다. 명상하고 있는 통찰지도 사라진다. 무상하다.

괴로움과 무아에 대해서도 이같이 명상한다. 이런 식으로 3특성에 대해 교대로 명상한다. 5온을 대상으로 사라짐만 보고 일어나는 위빠사나 지혜를 무상, 괴로움, 무아로 식별한다. 각 온의 사라짐만 보고 3특성을 식별하면서 위빠사나 지혜도 3특성으로 몇 단계까지 식별할 수 있는지 할 수 있는 데까지 한다. 6문에서 안으로 밖으로, 원인에 대해, 결과에 대해, 과거와 미래에 대해서도 명상한다.

8장

두려움의 지혜부터
상카라의
평온의 지혜까지 닦다

1. 두려움의 지혜

상카라의 찰라 간의 소멸을 보면서 무너짐의 지혜로 상카라의 사라짐을 계속 관찰하면, 끊임없이 괴로움의 특성이 마음을 억압하는 것이 분명하게 나타난다. 삼계의 정신과 물질 무더기의 무너짐을 괴로움의 특성으로 보다보면 '과거의 상카라들이 소멸하였고, 현재의 상카라들이 소멸하며, 미래의 상카라들도 역시 소멸할 것이다.'라는 두려움으로 나타나는 지혜가 일어난다. 그러면 고요하고 즐겁다고 생각했던 존재의 정신과 물질이 두려움으로 나타난다.

2. 위험의 지혜

과거-현재-미래 3기간에 안으로 밖으로 존재하는 삼계의 상카라가 끊임없이 소멸하는 변화의 결점을 보면서 일어난 두려움에 대해 무상, 괴로움, 무

아로 철저하게 통찰한다. 이때 일반적인 두려움으로 나타남에 대한 통찰지가
주관적으로 바뀌어 위험함에 대한 지혜가 된다.

3. 염오의 지혜

상카라의 결점을 철저하게 보게 될 때, 과거-현재-미래의 3기간에 존재하
는 삼계의 모든 상카라에 대해 역겨워하고 지겨워서 넌더리가 난다. 이러한
이욕의 위빠사나 통찰지가 염오를 관찰하는 지혜다.

4. 해탈하기를 원하는 지혜

역겨워하고 지겨워하는 마음은 삼계의 3기간에 존재하는 모든 상카라 그룹
중에서 어느 하나의 상카라에도 집착이 없게 되고, 모든 상카라에서 벗어나
기를 원하고 해탈하기를 원하게 된다. 이렇게 현재뿐만 아니라 과거와 미래
의 모든 상카라에서 벗어나기를 절실히 원하는 위빠사나 통찰지가 해탈하기
를 원하는 지혜다.

5. 숙고하는 지혜

모든 상카라에서 벗어나기를 원하는 마음으로 깊이 숙고하여 관찰하는 지

혜다. 해탈의 방편을 성취하기 위해 모든 상카라를 다시 구분하고 관찰한다. 모든 상카라들을 무상, 괴로움, 무아로 깊이 숙고한다. 이렇게 명상하는 위빠사나 통찰지가 깊이 숙고하여 관찰하는 지혜다. 이때 40가지로 관찰하는 수행을 할 수도 있다.

6. 상카라에 대한 평온의 지혜

(1) 삼계의 3기간(과거, 현재, 미래)에 존재하는 상카라에 대해, 원인과 결과, 무상, 괴로움, 무아를 교대로 안으로 밖으로 철저히 명상하면, 이 상카라의 사라짐이 아주 명백하고 빠르게 위빠사나 통찰지에 나타난다. 그 거친 사라짐에 대해서 3특성을 교대로 명상한다. 이같이 명상하면 위빠사나를 닦는 마음이 점점 상카라에 대해 두려워하지도 않고, 좋아하지도 않고, 중립적이게 된다. 위빠사나를 명상하는 마음은 상카라의 사라짐에만 평온하게 확립된다.

명상하는 마음이 이같이 평온하게 될 때, 색깔, 소리, 냄새, 맛, 감촉의 다섯 감각 대상을 알아차리는 오문 정신과정이 일어나지 않는다. 명상의 대상인 정신, 즉 명상하는 위빠사나 통찰지혜를 대상으로 한 의문 정신과정만 일어난다.

(2) 정신과 물질을 교대로, 3특성을 교대로, 안으로 밖으로 교대로 위빠사나 명상을 하여

1) 위빠사나 수행하는 마음이 내부의 상카라에 대해 명상하는 동안에 내부의 상카라에 평온하게 안정되면, 내부의 상카라에 대해서만 명상을 계속한다.

2) 위빠사나를 수행하는 마음이 외부의 상카라에 대해 명상하는 동안에 외부의 상카라에 평온하게 안정되면, 외부의 상카라에 대해서만 명상을 계속한다.

안으로 밖으로 계속 바꾸면, 위빠사나 사마디가 쇠퇴한다.

3) 물질에 대해서 명상하는 동안, 위빠사나를 닦는 마음이 물질 상카라에 평온하게 안정되면, (그 물질 상카라의 사라짐을 대상으로), 그 물질 상카라에 대해서만 명상을 계속한다.

4) 정신에 대해서 명상하는 동안, 위빠사나를 닦는 마음이 정신 상카라에 평온하게 안정되면, (그 정신 상카라의 사라짐을 대상으로), 그 정신 상카라에 대해서만 명상을 계속한다.

정신과 물질을 계속 바꾸어서 명상하게 되면, 위빠사나 사마디가 쇠퇴한다.

5) 다섯 가지 기능, 믿음-정진-마음챙김-삼매-통찰지가 균형을 이룰 때, 고귀한 도와 과를 얻을 수 있다.

6) 정신의 사라짐을 대상으로 취해서 3특성에 대해 명상한다. 상카라에 대한 평온을 얻기 바로 전에 위의 모든 관찰을 완료한 다음, 형상라인의 유익한 자와나 정신과정에 대해 명상한다. 주로 본 삼매 정신과정에 존재하는 선정의 정신에 대해서 명상한다. 3특성 중 무아만을 주로 명상한다. 이같이 명상하면 위빠사나를 닦는 마음이 상카라의 사라짐에 평온하게 안정된다. 이때 외부의 다섯 감각기관이 끊어진다. 위빠사나를 닦는 마음이 소리도 들리지 않고 상카라의 사라짐에 평온하게 안정되고 확고부동하게 되면, 위빠사나 수행의 힘이 아주 강렬해진다.

7) 이때 관찰 대상을 안으로 밖으로 바꾸지 않고, 명상하는 마음이 안으로 평온하면 안으로만 명상하고, 밖으로가 평온하면 밖으로만 명상한다. 명상하는 마음이 물질에 대해 평온하면 물질만 명상하고, 정신에 대해 평온하면 정

신만을, 명상하기 좋은 3특성 중 한 특성을 택해서 주로 명상한다. 이와 같이 명상할 때, 물질의 사라짐은 보이지 않고 정신의 사라짐만 보인다면 물질의 사라짐을 의도적으로 찾지 말고 정신의 사라지는 특성에 대해서만 명상한다. 사마타 수행을 했으면 자기가 좋아하는 선정의 정신에 대해 무아의 특성만을 명상하는 것이 더 좋다.

8) 물질과 정신의 사라짐을 함께 관찰해도 되고, 물질의 사라짐만을 대상으로 택하거나 정신의 사라짐만을 대상으로 택해도 된다. 선택한 대상에 좋아하는 특성으로 명상을 계속한다.

이같이 다양한 방법으로 위빠사나 명상을 하면, 욕계, 색계, 무색계의 삼계에 존재하는 상카라에 대한 평온이 확립된다. 상카라에 대한 혐오스러움도 또한 잘 확립된다.

9) 상카라의 결점을 확실히 봄으로써, 상카라에서 해탈하기를 원하면서 상카라의 사라짐에 대해 3특성으로 명상함으로서, '나다', '내 것이다'라고 주장할 수 있는 어떤 상카라도 발견하지 못한다. 이렇게 되면 상카라에 대한 두 가지 극단이 제거된다.

① 두려움이라는 극단, 상카라에 대한 두려움이다.

② 즐김이라는 극단, 상카라를 좋아하는 것이다.

이 두 극단을 제거하면 상카라에 대한 중립이 일어난다. 이 통찰지가 상카라에 대한 평온의 지혜(saṅkhārupekkha ñāṇa)다.

9장

수순하는 지혜부터
반조의 지혜까지 닦다

1. 열반을 알고 보다

(1) 상카라에 대한 평온의 지혜가 무르익어 평화로운 경지인 닙바나(정신과 물질, 상카라로부터 벗어났으므로 평화롭다. 닙바나는 일어나고 사라짐이 없는 요소다.)를 보게 되면, 마음은 모든 상카라의 일어남을 버리고, 상카라의 사라짐을 더 이상 보지 않고, 상카라의 일어남과 사라짐이 없는 평화스러운 닙바나로 '달려' 들어간다. 이렇게 도의 정신과정이 일어나면서 나머지 지혜들이 함께 일어난다.

(2) 상카라에 대한 평온의 지혜가 아직 평화스러운 닙바나(적정의 상태)를 평화스럽고 행복하다고 보지 못한다면, 상카라에 대한 평온의 지혜가 아직 무르익지 않았으므로 상카라의 사라짐을 대상으로 다시 마음이 일어난다. 그러면 다시 상카라에 대한 평온의 지혜를 무르익게 하기 위해서 위빠사나지혜를 키워야 한다. 지겹고 넌더리가 나더라도 철저하게 명상해야 한다. 꿈속에서

도 일상과 같이 명상이 지속 될 정도로 명상의 지혜부터 상카라에 대한 평온의 지혜까지 깔라빠 명상 방법으로 다시 명상을 해야 한다. 그렇게 하면 자기의 바라밀에 따라 도와 과를 얻을 수 있다.

2. 도의 정신과정이 일어나다

(1) 상카라에 대한 평온의 지혜 단계를 수행하면, 위빠사나 16가지 지혜 가운데 처음 11가지 지혜를 닦게 된 것이다. 남은 마지막 5가지 지혜는 도의 정신과정과 함께 일어난다.

  1) 수순하는 지혜

  2) 종성의 지혜

  3) 도의 지혜

  4) 과의 지혜

  5) 반조의 지혜

(2) 도의 정신과정은 7단계로 일어난다.

  1) 상카라에 대한 평온의 지혜가 어떻게 일어났는지에 따라 현상(상카라)을 무상, 괴로움, 무아 중의 하나로 보는 의문전향의 마음이 일어난다. 그 다음에 현상을 위 의문전향의 마음과 같은 방식으로 보는 세 개의 예비적 자와나 마음이 일어난다.

  2) 준비

  3) 근접

4) 수순

이 세 자와나 마음이 12번째 지혜, 즉 수순의 지혜다. 이 지혜는 앞에 일어난 것과 뒤에 일어날 것에 수순한다. 이 마음들은 뒤에 일어날 종성을 준비하고, 종성에 근접해 가며 종성에 수순한다. 이 마음들이 계속해서 일어남으로서 앞서 일어난 형성된 것을 대상으로 삼는(일어남과 사라짐의 지혜에서 상카라에 대한 평온의 지혜에 이르는) 8가지 위빠사나 지혜로부터 형성되지 않은 것에 대한 도와 과의 지혜로 전환을 준비한다.

수순의 지혜는 형성된 것을 대상으로 갖는 마지막 지혜다. 위빠사나 지혜가 아주 예리한 경우에는 준비가 일어나지 않는다.

5) 네 번째 자와나 마음이 열반을 대상으로 일어난다. 이것이 13번째 지혜, 즉 종성의 지혜다. 이 마음은 형성된 것이 아닌 열반을 알지만 오염원을 파괴하지는 않는다. 이 마음의 기능은 범부에서 성자로 혈통을 바꾼다.

6) 다섯 번째 자와나 마음이 열반을 대상으로 일어난다. 이것이 14번째 지혜로 오염원들을 파괴하는 도의 지혜다. 10가지 족쇄에 치명적인 충격을 주며 얻은 도에 해당하는 오염원은 완전히 소멸한다.

7) 여섯 번째와 일곱 번째 자와나 마음이 열반을 대상으로 일어난다. 이것이 15번째 지혜로 과의 지혜다. 위빠사나 지혜가 예리한 경우에는 수순의 지혜에서 준비 자와나가 일어나지 않았으므로 다섯 번째 자와나 부터 3자와나 동안 일어난다.

8) 마지막으로 16번째 지혜인 반조의 지혜가 뒤따른다. 아래와 같은 다섯 가지를 반조한다.

① 도의 지혜
② 과의 지혜

③ 파괴된 오염원

④ 앞으로 파괴할 오염원

⑤ 열반

도의 정신과정 7자와나가 지나가고 나면 모든 오염원이 사라진 듯 청정한 가운데 정신이 들면서 이것이 바로 도와 과의 지혜이고 열반이라는 것을 저절로 알게 된다. 처음에는 모든 오염원이 다 파괴된 것 같지만, 점점 자세히 보게 되면 완전히 파괴된 오염원과 아직 잠재성향이 남아있는 오염원을 식별할 수가 있다. 그리고 남은 잠재성향을 어떻게 소멸해야 할지 스스로 판단이 선다. 이렇게 계속 닦아나가면 아라한과를 증득하고 무여열반을 이룰 수 있을 것이라는 길이 보이고 자신이 선다.

3. 과를 증득하다

도의 정신과정을 닦고 나서는 과삼매에 드는 수행을 계속해야 한다. 정신과 물질의 소멸을 보며 3특성을 식별하여 상카라의 멈춤으로 과삼매에 들어가는 수행을 충분히 닦아야 위의 도와 과로 나아갈 수 있다. 과삼매에 드는 것은 반드시 마지막으로 들었던 과에만 들어가게 된다. 어떤 과정으로 들어가도 항상 자기가 얻은 가장 위의 과삼매로 들어간다. 사다함과에 들었을 경우 어떤 위빠사나 대상을 식별하더라도 수다원에는 들지 않고 밝은 빛이 내려오면서 확장되면 정신과 물질은 사라지고 바로 사다함 과삼매로 끌려가듯 들어간다.

(1) 정신과 물질을 식별하여 상카라를 멈추고 과삼매에 들다

1) 물질의 사라짐을 보며 3특성을 식별하여 상카라의 멈춤을 경험한다. 상카라가 멈추면서 과삼매로 끌려가듯 달려 들어간다. 형성과 열반은 서로 반대다. 과에 들면 열반 아닌 다른 것은 아무것도 모른다. 늘 과삼매에 들어있고 싶어 한다. 형성된 것에 대한 집착을 놓고 항상 수행하면서 지낸다.

2) 정신의 사라짐을 보며 3특성을 식별하여 상카라의 멈춤을 경험한다. 3생에서 안으로 밖으로 닦아서 상카라를 멈추고 과삼매에 든다.

3) 정신과 물질을 같이 사라짐을 보며 3특성을 식별하여 상카라의 멈춤을 경험한다. 3생에서 안으로 밖으로 닦아서 상카라를 멈추고 과삼매에 든다.

4) 오온을 분리해서 각각 사라짐을 보며 3특성을 식별하여 상카라의 멈춤을 경험한다. 3생에서 안으로 밖으로 닦아서 상카라를 멈추고 과삼매에 든다.

5) 오온을 한꺼번에 사라짐을 보며 3특성을 식별하여 상카라의 멈춤을 경험한다. 3생에서 안으로 밖으로 닦아서 상카라를 멈추고 과삼매에 든다.

(2) 선정의 정신을 식별하여 상카라를 멈추고 과삼매에 들다

1) 초선정부터 4선정까지 정신의 사라짐을 대상으로 3특성을 식별하여 상카라의 멈춤을 경험한다. 상카라가 멈추면서 과삼매로 끌려가듯 달려 들어간다.

2) 자기가 얻은 모든 선정을 대상으로 3특성을 식별하여 상카라의 멈춤을 경험하면 도움이 된다.

3) 무색계도 4선정까지 정신의 사라짐을 대상으로 3특성을 식별하여 상카라의 멈춤을 경험한다. 무색계 4선정은 마음부수 낱낱을 보지 않고 전체만 식별한다.

마음을 기울일 때마다, 원할 때마다 소멸되는 상카라가 다르다. 상카라의 사라짐을 오래 유지하며 식별한다. 상카라의 멈춤으로 자기가 증득한 가장 높은 과삼매에 든다. 삼 특성에 더러움을 더하여 식별해도 된다.

4) 상수멸은 초선정부터 무소유처까지 정신의 사라짐을 대상으로 3특성을 식별한 다음, 생필품의 안전과 출정할 시간을 미리 결정하고 비상비비상처에 든다. 비상비비상처에서 2자와나 직후 상카라를 멈추고 멸진정에 든다. 아나함 또는 아라한 과를 얻지 못했을 때는 자기가 증득한 가장 높은 과삼매에 든다. 멸진정에서 출정시 불환자는 아나함과 마음, 아라한은 아라한과 마음이 한번 일어나고, 바왕가 다음에 반조의 지혜가 일어난다.

4. 위의 도와 과를 증득하기 위해 수행하다

(1) 기간을 정하고

(2) 이미 얻은 과로 입정하려는 끌림을 멈추고

(3) 다음과 같이 결심한다.

 1) 아직 알지 못한 위의 도와 과라는 특별한 법이 생겨나기를

 2) 위의 도와 과라는 특별한 법만을 알고 볼 수 있기를

 3) 그 법에 이르기를

(4) 물질과 정신의 현상들을 식별하던 대로 안팎으로 과거, 현재, 미래로 여섯 문에서 식별해야 한다.

(5) 일어나고 사라짐의 지혜를 시작으로 지혜가 차례대로 성숙되고 향상되어 상카라에 대한 평온의 지혜에 도달한다.

(6) 지혜의 힘이 충분하지 않다면 상카라에 대한 평온의 지혜에만 머물게 될 것이다. 그러다가 정진과 바라밀이 무르익어 상카라에 대한 평온의 지혜

가 힘이 충분해졌을 때 모든 상카라들이 소멸한 열반을 대상으로 이전처럼 건너가 위의 도와 과의 지혜들이 생겨난다. 반조의 지혜도 이전과 같이 생겨난다. 이렇게 계속 훈련을 지속하면 아라한이 될 수 있을 것이다.

(7) 위의 도와 과를 증득하기에 가장 좋은 기회는 죽음을 넘을 때다. 그때까지 온 힘을 다해 부지런히 닦는다면 깨달음을 완성할 수 있을 것이다. 일생을 통해 가장 큰 변화를 겪는 마지막 사마시시(jivita samasisi, 아라한과를 얻으면서 목숨이 다함)에서 마음의 블랙홀 닙바나를 통과하여 윤회를 뛰어 넘을 수 있을 것이다.

5. 파욱 사야도에게 보고하다

뺑우루잉(메뮤)에 파욱명상센터 지부를 만들어서 파욱 사야도를 모시고 마지막으로 하는 것일지 모른다는 집중수행을 했다. 나도 여기 참석해서 매일 아침(4시)과 저녁(6시)에 파욱 사야도가 노환에도 불구하고 직접 예불을 인도하는 것을 따라하며 뒷자리에 앉아 수행을 했다.

오랜만에 뵙는 사야도에게 아래와 같이 보고했다(2012. 12. 18. 17:00).

"훌륭한 명상센터를 만들어 집중수행 지도를 해주셔서 감사합니다. 파욱에서 집중수행을 한 후 사야도께 보고 드리지 못한 내용을 3가지로 말씀드리겠습니다.

(1) 파욱에서 집중수행 시 '걸어가면서도 깔라빠를 보라.'고 하신 과제를 그때부터 계속 연습해서 지금은 언제든지 어디서나 무슨 자세에서도 깔라빠를

볼 수 있으며, 바왕가를 체크해보면 항상 평온과 집중이 식별됩니다."

　여기서 사야도는 보고를 멈추게 하고 깔라빠를 보는 과정에 대해 점검을 하셨다. 사야도는 이 부분을 참 중요하게 챙기신다. 깔라빠 명상이 위빠사나의 요체이기 때문이다. 나는 기다렸다는 듯이 사대 식별로 깔라빠를 보는 과정을 설명했다. 나의 답변을 듣고 아무 말씀이 없어서 보고를 계속했다.

　"(2) 작년 3월 위빠사나 수행을 하면서 물질의 소멸을 밖으로 보며 무상으로 식별할 때였습니다. 온몸에서 상카라로부터 벗어나기를 원하는 마음이 끓어올라 포화 상태가 되도록 커졌습니다. 상카라의 평온 상태에서 밖으로 확장을 계속하여 우주의 별들이 소멸되는 것을 오래 식별하다가 안으로 바꾸어 식별을 하려고 했습니다. 대상을 바꾸려고 하는데 갑자기 큰 힘이 느껴지면서 도의 정신과정이 일어났습니다. 수순의 지혜가 엄청난 충격으로 일어나면서 머리를 조이고 뒤틀었습니다. 근접, 수순, 종성 자와나가 큰 진동으로 일어나면서 머릿속에서 지진이 난 듯 폭발이 일어나고 태풍이 몰아치는 듯 강렬한 힘으로 모든 것을 휩쓸어버렸습니다. 잠시 우유 빛 구름이 덮었다가 벗겨지면서 다음 자와나에 밝고 맑은 하늘이 한없이 청량하게 나타났습니다. 그 상태로 3 자와나 머문 뒤, 서서히 깨끗하고 고요한 마음에서 반조를 하게 되었습니다.
　'제대로 왔다! 옳게 수행했구나! 이제야 됐다! 다행이다!' 말할 수 없는 만족과 긍정과 확신이 들었습니다. 모든 오염원들이 사라진 듯했으나 차츰 시간이 지나면서 가만히 보니까 완전히 사라진 것과 잠재성향이 남아있는 것을 반조해 볼 수 있었습니다.
　'이대로 계속 수행하면 되겠다.'는 자신이 생겼고, 반드시 완전히 이룰 것이라는 믿음이 섰습니다. 만족한 마음이 어디에도 얽히지 않고 지극히 고요하고 평화스러우며 자유로운 상태였습니다. 모든 의심이 다 사라지고, 붓다, 담마, 상가에 대해 감사하며, 수행에 도움을 준 인연이 고맙기만 하였습니다. 여기에 이르게 한 모든 원인과 조건에 고마워하는 마음이 저절로 우러났습니다.

(3) 그 후 계속 레와따 스님의 지도를 받으며 정진을 하던 중, 석 달이 지났을 때 또 한 번 도의 정신과정이 일어났습니다. 이번에는 수순이 아주 예리하게 먹줄을 튕기듯 머리를 쳤습니다. 모든 존재가 다 사라지는 것을 식별하던 중, 근접, 수순, 종성 자와나가 머리를 압축하여 뒤틀며 강하고 예리하게 때려서 일어난 후, 한 자와나 우유 빛 하늘처럼 보였다가 사라지면서 비색의 맑고 밝은 하늘이 나타나 시원하고 고요한 상태로 3자와나 머물렀습니다. 잠시 뒤 정신을 차리니 반조가 되면서 지고 있던 무거운 짐을 모두 내려놓은 듯 홀가분하고 후련했습니다. 안과 밖의 경계를 이루며 온몸을 덮고 있던 껍질을 벗은 듯, 안과 밖이 없어 자유로웠습니다. 족쇄라거나 계박이라는 것은 원래 있었던 일도 없었던 듯 흔적도 볼 수 없었습니다.

처음에는 너무나 깨끗하여 모든 오염이 다 사라진 줄 알았으나 가만히 반조를 해보니 바닥의 후미진 곳에 어른거리는 그늘 속에 숨어 있는 것이 잠재성향 같아 보였습니다. 그러나 이미 모든 오염원이 태풍에 휩쓸려 뿌리가 뽑히고 잘리는 치명상을 입었고, 그 토대가 무너져버렸기 때문에 다시 잠재성향이 뿌리를 내리고 되살아날 것 같지 않아 보였습니다.

마냥 고요하고 평화로웠습니다. 아쉬운 것이 없었으며 행복 같은 바람도, 존재에 대한 얽힘도 사라졌습니다. 연기 수행에서 깨달았다고 생각했던 것도 벗어났습니다. 다만 생명기능이 남아있는 동안 조용히 수행하다가 업을 멈추리라는 한 방도가 있을 뿐이었습니다. 뒷산 위에 올라가서 여러 방향에 절을 하며 감사했습니다. 사야도께 감사드립니다. 이 은혜를 어떻게 보답해야 할지 모르겠습니다."

사야도는 가만히 듣기만 하셨다.

보고를 다 받고도 침묵하고 있던 파욱 사야도는 천천히 말씀하셨다.

"은혜는 수행으로 갚는다."

잠시 뒤 유인물을 하나 찾아 들더니 물으셨다.

"까시나 몇 가지 했나?"

"열 가지 했습니다."

유인물을 건네주고는 말씀하셨다.

"빛 까시나와 허공 까시나는 빼고 사대와 색깔 까시나 네 가지를 더해서 여덟 가지 까시나만으로 이것을 보고 해보아라."

유인물의 내용을 대충 살펴보았다.

초월지를 닦는 방법이 요약된 8쪽 분량의 한문과 영문으로 된 수행과제였다. 제목은 이러했다.

'十四種御心法. 14 ways of complete control of mind'

『청정도론』에도 있는 내용을 실습하기 좋도록 요약 정리한 것 같았다.

"붓다께서 신통은 도와 과에 도움이 안 된다고 하시지 않았습니까?"

퉁명스럽게 불쑥 나온 말에 파욱 사야도는 웃으면서 말씀하셨다.

"한국으로 돌아갈 때 날아가거라."

"날아가려고 이미 비행기 표 사났습니다."

그리고 같이 웃었다.

두 달 후(2013 .2. 26. 17:00), 파욱명상센터의 조실 우 아찐나 사야도에게 마지막이 될지 모르겠다는 생각을 숨긴 채 메뉴에서 작별 인사를 했다. 연만하고(80세) 노환이 깊어만 보이니, 애틋한 마음이 너무나도 간절하게 일어났다. 파욱 사야도는 자그마한 의자에 좌선자세로 앉아서 수행자들을 한 사람씩 인터뷰해주셨다. 내 순서가 돌아오자 다가가서 삼배를 하고 말씀드렸다.

"한국으로 돌아가겠습니다. 사야도, 부디 건강하십시오!"

사야도는 자기 가사를 잡아 보이면서 말씀하셨다.

"가사는?"

"가사를 입고 계율을 지킬 수 있는 여건이 되면 입겠습니다."

"어떤 가사?"

"테라와다 가삽니다."

사야도는 고개를 끄덕였다.

물러나 절을 하려고 하는데 사야도가 팔을 올리더니 씨앗을 뿌리듯이 손을 저으며 크게 말씀하셨다.

"수행해라!"

"예! 수행밖에 할 일이 없습니다."

수행으로 보답하는 길뿐이라는 것을 명심하고 있었다.

삼배를 하고 일어서서 잠시 방향을 잃고 출입문을 못 찾았다. 어두워지고 있었다. 밖으로 나오자 넓은 세계가 내려다 보였다. 모든 것을 벗어나 자유를 얻은 듯했다. 가사도 상가도 벗어났다. 터널과 고비를 다 지나고 평원을 만난 듯 했다. 히말라야 산맥의 끝자락 삥우루잉 분지의 가장 높은 곳에 있는 파욱 사야도 꾸띠를 나와 확 트인 앞을 향해 걸었다. 아스라이 보이는 공제선 위로 노을이 곱게 물들어 니밋따처럼 펼쳐진 하늘로 끌려가듯 무턱대고 떠나갔다.